箴言

人类高级思维录

杨茜彦 编

三环出版社

图书在版编目（CIP）数据

箴言：人类高级思维录 / 杨茜彦编. -- 海口：三环出版社（海南）有限公司，2025.7. -- ISBN 978-7-80773-517-5

Ⅰ.H033.3

中国国家版本馆 CIP 数据核字第 202445DG38 号

箴言：人类高级思维录
ZHENYAN RENLEI GAOJI SIWEI LU

编　　者	杨茜彦
责任编辑	韩孜依
责任校对	孙雨欣
责任印制	万　明
封面设计	韩　立
出版发行	三环出版社（海口市金盘开发区建设三横路 2 号）
	邮　编 570216　邮　箱 sanhuanbook@163.com
出 版 人	张秋林
印刷装订	三河市华成印务有限公司
书　　号	ISBN 978-7-80773-517-5
印　　张	13
字　　数	160 千字
版　　次	2025 年 7 月第 1 版
印　　次	2025 年 7 月第 1 次印刷
开　　本	720 mm×1000 mm　1/16
定　　价	48.00 元

版权所有，不得翻印、转载，违者必究
如有缺页、破损、倒装等印装质量问题，请寄回本社更换。
联系电话：0898-68602853　0791-86237063

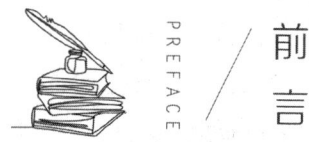

前言

  箴言是广为流传的、常被人们引用的著名言论或话语，是人类语言文化长河中璀璨的明珠，句句是金玉良言，字字为宝石珠玑，它语言凝练，含义深刻，生动反映了名人睿智的思想、崇高的品德、高尚的情操、伟大的抱负、坚强的毅力，以及卓越的见识。箴言易于流传，是浓缩的精华，它富有哲理，给人智慧启迪，催人奋发向上，让人走向成功。

  箴言是绝大多数人思想的摇篮，又是绝大多数人迈出双脚的动力。可以说，箴言是人类智慧宝库里的一份珍贵财富，是古今中外先哲们和无数有志之士的思想精华，是人类知识的积累，是民族智慧的提炼。所以，它跨越国界，世代相传，给人启迪，引人深思，是我们人生旅途中的良师益友。

  箴言闪烁着人类智慧的光芒，以其思维美、内容美、语言美为人们传诵。读箴言，如同和名人名家进行面对面的沟通与交流，聆听圣贤智慧的谆谆教导。它集丰富的内涵、深刻的哲理、简练的语言于一身，可以使读者获得不竭的精神养料。

  读一句箴言，如同一次心灵的邂逅，一次灵魂的震撼，一次思维的碰撞。对每句箴言的细读和深思，都会给我们巨大的力量和灵魂的滋养。读箴言，可以陶冶我们的情操，净化我们的灵魂，增长我们的知识，提升我们的智慧，激励我们的斗志，让我们的思想更丰富，头脑更聪明，思维更睿智，甚至让身体也更有力量。

　　本书针对读者作文、言谈、修身等各方面的实际需要，从洋洋大观的众多箴言里精选出最为常用、最具说服力、最震撼人心的部分，内容涉及人生、命运、事业、理想、信仰、道德、处事、交际、友谊等主题，所选的箴言有的是人们一生恪守的座右铭，有的为名人毕生求证后留下的人生准则和经验。它既可以启迪生活智慧，使人领悟人生哲理，提高自身素质和修养，又可以在写作演讲中引用，以支持观点，增强说服力。本书精选的箴言种类齐全、分类科学、便捷实用，对于我们认识世界、修身立德、为人处世、成就事业具有重要的指导性意义，有的还可以对我们进行激励和鞭策，让读者在面对人生困境时能够找到心灵的指南针，突破人生困境，找到开启智慧大门的钥匙，迈向成功的阶梯，步入卓越人生。

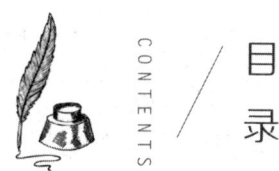

目录

第一辑　处世之道

成功 2
失败 9
逆境 14
言行 21
处事 28

第二辑　立业之本

事业 34
创业 40
目标 44
坚持 49
工作 53

第三辑　成才之路

人才 58
成才 64
才智 67
用才 71
伟人 77

第四辑　治学有方

读书 84
思考 94
书籍 100
求知 105
方法 110
教育 114

第五辑　生活哲思

生活 120
习惯 126
记忆 130
娱乐 133
休闲 137
时尚 142

第六辑　社交策略

朋友 146
交际 151
帮助 154

第七辑　财富密码

财富 158
金钱 162
贪婪 166

第八辑　人生智慧

思想 170
辩证 175
人生 178
生命 182
生死 187
命运 192

第一辑

处世之道

 # 成功

躺在成就上就像行进时躺在雪地里一样危险。你昏昏沉沉,在熟睡中死去。

——〔奥地利〕维特根斯坦

成功并不能用一个人达到什么地位来衡量,而应是他在迈向成功的过程中,到底克服了多少困难和障碍。

——〔美〕布克·华盛顿

如果一个人能自信地朝理想迈进,努力过自己梦想中的生活,他会得到意想不到的成功。

——〔美〕亨利·大卫·梭罗

我所见过成功的人,都满怀希望、心情愉快。他们总是微笑地面对工作,和一般人一样地接受改变与机会。

——〔英〕金斯利

永远要记得,成功的决心远胜于任何东西。

——〔美〕亚伯拉罕·林肯

成功不过是个时髦的字眼。你如果想成功,只要做你喜欢的事,成功自然会来。

——〔美〕大卫·佛斯特

在成名的道路上,流的不是汗水而是鲜血;成功者的名字不是用笔而是用生

命写成的。

——〔波兰〕居里夫人

只有把抱怨环境的心情化为上进的力量，才是成功的保证。

——〔法〕罗曼·罗兰

当你做成一件事，千万不要等待着享受荣誉，应该再做那些需要的事。

——〔法〕巴斯德

拼命去争取成功，但不要期望一定会成功。

——〔英〕法拉第

成功的第一个条件就是要有决心；而决心要下得迅速、干脆、果断并且伴随着成功的信心。

——〔法〕大仲马

成功好比一架梯子，"机会"是梯子两侧的长柱，"能力"是插在两个长柱之间的横木。只有长柱没有横木，梯子将没有用处。

——〔英〕狄更斯

A=X+Y+Z，A 代表成功，X 代表艰苦的工作，Y 代表休息，Z 代表少说废话。

——〔美〕爱因斯坦

成功的秘诀，在于永不改变既定的目标。

——〔法〕卢梭

要记住：历史上所有伟大的成就，都是由于战胜了看似不可能的事情而取得的。

——〔英〕卓别林

凡不能获得他人信任的人，永远难求成功。

——〔法〕纪德

如果你要获得成功，就应当以恒心为友，以经验为顾问，以耐心为兄弟，以希望为守护者。

——〔美〕爱默生

在成功面前，首先应该想到的是获得成功之前的挫折和教训，而不是成功之后的赞扬和荣誉。

——〔俄〕巴甫洛夫

成功只有一种——按自己的意愿过一生。

——〔英〕马洛

什么是成功的秘诀？很简单，无论何时，不管怎样，我也绝不允许自己有一点点灰心丧气。

——〔美〕爱迪生

勤劳工作、诚恳待人是迈向成功的唯一途径。这与没有尝过辛苦，而获得成功的滋味迥然不同。

——〔日〕松下幸之助

避免失败的最稳当办法，就是下决心获得成功。

——〔法〕孟德斯鸠

最有希望的成功者，并不是才干出众的人，而是那些最善利用每一时机去发掘开拓的人。

——〔古希腊〕苏格拉底

一时的成就是以多年的失败为代价而取得的。

——〔英〕罗伯特·勃朗宁

成功与其靠外来的帮助,还不如靠自力更生。

——〔美〕亚伯拉罕·林肯

成功孕育着成功,这个道理完全正确。一次小的成功可以成为巨大成功的基石。

——〔美〕马克斯威尔·马尔兹

成功毫无技巧可言,只不过是对工作尽力而为。

——〔美〕卡耐基

我一向认为,要在世上获得成功,一个人就应当在表面上显得愚笨,而在骨子里精明。

——〔法〕孟德斯鸠

有些人因其见识而成功,有些人因其行事而成功,少数人因其人品而成功。

——〔美〕哈伯德

切记,成功乃是辛劳的报酬。

——〔古希腊〕索福克勒斯

活得好、笑得多、爱得深的人就是成功者。

——〔美〕斯坦利夫人

只有具备真才实学,既了解自己的力量又善于适当而谨慎地使用自己力量的人,才能在世俗事务中获得成功。

——〔德〕歌德

天下绝无不热烈勇敢地追求成功,而能取得成功的人。

——〔法〕拿破仑

成功者与失败者之间的区别,常在于成功者能由错误中获益,并以不同的方式再次尝试。

——〔美〕爱默生

成功是相对的;正是从那种我们能把它搞得一团糟的事情中,我们获得了成功。

——〔英〕艾略特

成功是大胆之子。

——〔英〕迪斯雷利

失败者众多,成功者唯一人。

——〔英〕丁尼生

不要听信那些成败在天而不可强求一类的胡说。

——〔英〕莎士比亚

除非一个人曾学习过在获得成功后如何对待之,否则成功的实现必然会使他成为厌倦的牺牲品。

——〔英〕罗素

最甘美的成功,只有从未成功的人最知道。

——〔英〕狄更斯

很多人都梦想成功。可是我认为,只有经过反复的失败和反思,才会达到成功。实际上成功只代表你的努力的1%,它只能是另外99%的被称为失败的东西的结晶。

——〔日〕本田宗一郎

成功的秘诀,是养成迅速去做的习惯,要趁着潮水涨得最高的一刹那,此时不但没有阻力,而且能帮助你迅速成功。

——〔英〕劳伦斯

一个人要有大的成功，就不得不有点谋略。

——〔美〕德莱塞

成功的唯一途径就是，认清自己的缺点，然后努力克服它。

——〔韩〕郑周永

一个成功的决策，等于 90% 的信息加上 10% 的直觉。

——〔美〕S.M.沃尔森

坚持、热衷是成功的钥匙。你应该了解你的能力范围，以及你最擅长的事情，然后把你的时间和精力投入其中。

——〔美〕比尔·盖茨

坚持和毅力是成功的万能药。

——〔美〕雷蒙·克罗克

成功来自多听少说。

——〔美〕约翰·戴维森·洛克菲勒

成功不是物质上的，而在于才智发挥中得到的满足。善于发挥自己才智的人一定能够享受成功的喜悦。

——〔美〕康拉德·希尔顿

成功的生活是平衡的，无论是在思想上、行为上、休息上、娱乐上，各方面都是如此。懂得生活艺术的人，既不会工作到累得要死，也不至于乐得精疲力竭。

——〔美〕康拉德·希尔顿

一个人要想成功，就要立志做最优秀的人，如此一来，在没有超过自己的身边人之前，就会严于律己，时时警惕自己不要懒散。

——〔美〕齐瓦勃

哲学家们告诉我们，做我们所喜欢的，然后成功就会随之而来。

——〔美〕沃伦·巴菲特

你成功，你要认为是你的运气很好；你失败，你要认为是你的力量不足够，那样的话，你就会不断提高自己的水平。

——〔日〕松下幸之助

那些有成功欲望的人，无论胜利还是失败，都会说：再来一次！

——〔美〕菲尔·奈特

年纪越大就越相信一个人超越他人、取得成功和成绩的必要因素就是巨大的自律能力。

——〔美〕雷蒙·克罗克

高智商和成功并非一回事，我们时常碰到无所作为的高智商者和大有作为的智商平平者。

——〔美〕雷蒙·克罗克

每一个成功者的诀窍，在于坚定不移的志向和坚持不懈的工作。

——〔印度〕马尔顿

成功之道不过是凡事全力以赴，把事情做好，不稍存沽名钓誉之心。

——〔美〕朗费罗

通往成功之路甚少，而且每条路都相隔甚远，你一旦觅得了其中一条，就必须站稳脚跟，坚持到底。

——〔加拿大〕金克雷·伍德

 # 失败

一经打击就灰心丧气的人,永远是个失败者。

——〔英〕毛姆

失败之后,有人变得更坚强,有人则被失败击倒了。凡幸存者,都有一种内在的性格力量、一种保护自我不受外界干扰的坚强力量。这是重新振作的关键,是一笔珍贵的财产,发现它则是失败给予我们的真正奖励。

——〔美〕海厄特

冒险中孕育着失败,对成功的追求孕育着失败。要不失败,除非永不冒险,永不追求。挖掘出自身最大的潜能,人性才能得到充分施展,而这一工作时刻都有失败的危险。

——〔美〕海厄特

失败也是我所需要的,它和成功对我一样有价值。只有在我知道一切做不好的方法以后,我才知道做好一件工作的方法是什么。

——〔美〕爱迪生

许多赛跑的失败,都是失败在最后的几步。跑"应跑的路"已经不容易,"跑到尽头"当然更困难。

——〔古希腊〕苏格拉底

你听说过胜利是很好的,是么?我告诉你失败也很好,失败者和胜利者具有

同样的精神。

——〔美〕惠特曼

因失误而造成的失败,是金钱买不到的经验。

——〔美〕埃·哈伯德

如果我们过分爽快地承认失败,就可能使自己发觉不了我们非常接近于正确。

——〔奥地利〕卡尔·波普尔

失败可能是变相的胜利,最低潮就是高潮的开始。

——〔美〕朗费罗

失败后,要诚实地对待自己,这是最关键的。只有坦率地处理好为什么失败这个问题,才能使失败成为成功之母。

——〔美〕海厄特

从不获胜的人很少失败,从不攀登的人很少跌跤。

——〔美〕惠蒂尔

不要怕承认失败，要从失败的经验中进行学习。

——〔苏联〕列宁

想匆匆忙忙地去完成一件事以期达到加快速度的目的，结果总是要失败。

——〔古希腊〕伊索

单靠压力去慑服别人常常要失败，重要的是要运用耐心和技巧。

——〔古希腊〕伊索

默认自己无能，无疑是给失败制造机会！

——〔法〕拿破仑

千万人的失败，失败在做事不彻底，往往做到离成功还差一步，便终止不做了。

——〔英〕莎士比亚

灰心生失望，失望生动摇，动摇生失败。

——〔英〕培根

失败之前无所谓高手；在失败的面前，谁都是凡人。

——〔俄〕普希金

我们从失败中学到的东西要比从成功中学到的东西多得多。

——〔英〕斯迈尔斯

失败实在不是什么稀罕事——最优秀的人也会失败，可贵的是从失败中学到东西。

——〔美〕海厄特

失败往往是黎明前的黑暗，继而出现的是成功的朝霞。

——〔英〕霍奇斯

这世界除了心理上的失败，实际上并不存在什么失败，只要不是一败涂地，你一定会取得胜利的。

——〔英〕奥斯汀

最初作伟大尝试的人通常以失败告终，但他们把通过失败获得的教益留给了后人。

——〔英〕塞缪尔·巴特勒

在我年轻时，我所做的事，十中有九都是失败的，为了不甘于失败，我便十倍努力工作。

——〔爱尔兰〕萧伯纳

人生求胜的秘诀，只有那些失败过的人才了若指掌。

——〔英〕柯林斯

一个人精神上失败了，那才是一败涂地了。

——〔美〕德莱塞

在我们回顾自己的一生时，我们所看到的宛若一个破碎物体的许多碎片。因为首先映入我们眼帘的，是我们的差错和失败，而且在我们的想象中，这一切都盖过了我们的业绩和成就。

——〔德〕歌德

事实上，即使是有丰功伟绩的人，也不敢说自己不曾失败过。正因为有多次的失败，才会得到多次的经验；经过几次教训后，才能够成熟起来。如果不肯承认失败，就永远不会进步。要在失败面前强调客观原因，抱怨他人，只会使自己一再地处在失败和不幸的漩涡之中。

——〔日〕松下幸之助

什么是失败？无非是迈向更好境界的第一步。

——〔英〕菲利普斯

成功要大肆庆祝，失败也不必耿耿于怀。不幸失败，也不妨穿上一身戏装，唱一首歌曲，其他人也会跟着你一起演唱。

——〔美〕山姆·沃尔顿

不必留恋过去的成功，不应计较眼前的失败，不要畏惧未来的艰难，失败不过是给人们重新开始和更聪明行事的机会。一次老老实实的失败并不是耻辱。

——〔美〕亨利·福特

失败是一所学校，真理在里面总是变得强有力。

——〔美〕比彻

在人生的早期，经历一些失败，有着极大的实际好处。

——〔英〕赫胥黎

对于不屈不挠的人来说，没有失败这回事。

——〔德〕俾斯麦

我主要关心的，不是你是不是失败了，而是你对失败是不是甘心。

——〔美〕林肯

一个人失败的最大原因，是对自己的能力缺乏充分的信心，甚至以为自己必将失败无疑。

——〔美〕富兰克林

那些尝试去做某事却失败的，比那些什么也不尝试就成功的人，不知好上多少。

——〔法〕路易·锤斯

轻敌，最容易失败。

——鲁迅

迟疑是失败之母。

——茅盾

逆境

伟大的人物都走过了荒沙大漠，才登上光荣的高峰。

——〔法〕巴尔扎克

要使整个人生都过得舒适、愉快，这是不可能的，因此人类必须具备一种能应付逆境的态度。

——〔英〕罗素

人的一生，总是难免有浮沉。不会永远如旭日东升，也不会永远痛苦潦倒。反复地一浮一沉，对于一个人来说，正是磨炼。因此，浮在上面的，不必骄傲；沉在底下的，更用不着悲观。必须以率直、谦虚的态度，乐观进取、向前迈进。

——〔日〕松下幸之助

重要的是，开头就要习惯于在不好的地方也能睡觉，这是以后不怕遇到坏床的办法。一般来说，艰苦的生活一旦变成了习惯，就会使愉快的感觉大为增加，而舒适的生活将会带来无限的烦恼。

——〔法〕卢梭

人类学会走路，也得学会摔跤，而且只有经过摔跤他才能学会走路。

——〔德〕马克思

莫向不幸屈服，应该更大胆、更积极地向不幸挑战！

——〔古罗马〕维吉尔

不需要把黑暗或生病的日子视为惨淡难挨的日子，因为它们经常能够激起我们内心最深处的思虑，甚至带来某些生活方式的改变。因此，从这一点来看，一个人不需要把黑暗或疾病视为一个结束，而应该视为一个成长的开始。

——〔美〕艾琳·洛克菲勒

由一个人处理逆境的方法，往往可以看出他的胜算有多少。

——〔美〕魏特利

用笑脸来迎接悲惨的厄运，伟大的心胸应该表现出这样的气概：用百倍的勇气来应付一切不幸！

——〔法〕拉伯雷

没有哪一个聪明人会否定痛苦与忧愁的锻炼价值。

——〔英〕赫胥黎

坚强、稀有的性格便是这样创造出来的：苦难，经常是后娘，有时却也是慈母；困苦能孕育灵魂和精神的力量；灾难是傲骨的奶娘；祸患是豪杰的好乳汁。

——〔法〕雨果

开发人类智力的矿藏是少不了患难来促成的。

——〔法〕大仲马

升平富足的盛世徒然养成一批懦夫，困苦永远是坚强之母。

——〔英〕莎士比亚

跟生活的粗暴无情打交道，碰钉子、受侮辱，自己也不得不狠下心来斗争，这是好事，使人生气勃勃的好事。

——〔法〕罗曼·罗兰

流水碰到抵触的地方，才把它的活力解放。

——〔德〕歌德

饥饿在没有使人完全失去知觉以前是会提起人的勇气的。

——〔英〕莎士比亚

有了阴影,光明才更加耀眼。

——〔德〕海泽

灾难就像刀子,握住刀柄就可以为我们服务,拿住刀刃则会割破手。

——〔美〕洛威尔

苦难显才华,好运隐天资。

——〔古罗马〕贺拉斯

虽然世界多苦难,但是苦难总是能被战胜的。

——〔美〕海伦·凯勒

每场悲剧都会在平凡的人中造就出英雄来。

——〔爱尔兰〕斯蒂芬斯

没有播种,何来收获?没有辛劳,何来成功?没有磨难,何来荣耀?没有挫折,何来辉煌?

——〔英〕佩恩

生活的悲剧不在于人们受到多少苦,而在于人们错过了什么。

——〔英〕卡莱尔

困难只是穿上工作服的机遇。

——〔美〕凯泽

顺境使我们的精力闲散无用,使我们感觉不到自己的力量,但是障碍却能唤醒这种力量并加以运用。

——〔英〕休谟

苦难对天才是一块垫脚石,对能干的人是一笔财富,对弱者是一个万丈深渊。

——〔法〕巴尔扎克

只有来自底层的人，才能把信息传到精神的顶峰，只有经过炼狱才能打通走向天堂的道路。这条道路，每个人必须自己寻找，但是谁能在这条道路上勇往直前，谁就是领袖，并能领导别人进入自己的世界。

——〔奥地利〕茨威格

黑暗对我有利，它使我能完全保持冷静。

——〔法〕司汤达

逆境是通向真理的第一条道路。

——〔英〕拜伦

在顺境中要节制，在逆境中要谨慎。

——〔古希腊〕佩里安德

逆境使天才脱颖而出，顺境则会埋没天才。

——〔古罗马〕贺拉斯

逆境是磨炼人的最高学府。

——〔古希腊〕苏格拉底

勇敢是处于逆境时的光芒。

——〔奥地利〕茨威格

人们最出色的工作往往在处于逆境的情况下做出。思想上的压力，甚至肉体上的痛苦都可能成为精神上的兴奋剂。

——〔英〕贝弗里奇

顺境中的好运，为人们所希冀；逆境中的好运，则为人所惊奇。

——〔英〕培根

并非每一个灾难都是祸；早临的逆境常是幸福。被克服的困难不仅给了我们

教训，还对我们未来的奋斗有所激励。

——〔英〕蒲柏

逆境给人宝贵的磨炼机会。只有经得起环境考验的人，才能算是真正的强者。

——〔日〕松下幸之助

你时刻会面临艰难、失败和痛苦，但是你必须好好干。

——〔美〕亨利·福特

让珊瑚远离惊涛骇浪的侵蚀吗？那无疑是将它们的美丽葬送。苦难过去就是甘美的到来。

——〔德〕歌德

不经巨大的困难，不会有伟大的事业。

——〔法〕伏尔泰

艰难往往有一位须臾不离开它的旅伴，这就是欢乐。

——〔俄〕果戈理

是挫折使骨头坚如燧石，是挫折使软骨变成肌肉，是挫折使人战无不胜。

——〔美〕比彻

逆境固然很宝贵，顺境同样也很难得。不论是哪一种境遇，最重要的是：不忘谦虚、坦然的处事态度。

——〔日〕松下幸之助

不认识痛苦，就不是一条好汉。

——〔法〕雨果

困难是一个严厉的导师。

——〔美〕贝克

困难产生于克服困难的努力中。

——〔英〕斯迈尔斯

了解如何面对逆境，远比如何接受顺境重要得多。

——〔美〕马丁·塞力格曼

好的木材并不在顺境中生长；风越强，树越壮。

——〔英〕马里欧特

顺境时显现恶习，逆境时凸现美德，从希望中得到欢乐，在苦难中保持坚韧。

——〔美〕肯尼迪

大石拦路，勇者视为进步的阶梯，弱者视为行路之障碍。

——〔俄〕普希金

奇迹多是在厄运中出现的。

——〔英〕培根

只有把挫折当作失败加以接受时，挫折才会成为一股破坏性的力量。如果把它当作生活和事业的老师，那么，它将成为一个祝福。

——〔法〕拿破仑

逆境要么使人变得更加伟大，要么使人变得非常渺小。困难从来不会让人保持原样的。

——〔美〕诺曼·V.皮尔

困厄逆境的砥砺和生活强者的驾驭，恰如正电和负电，一经碰撞，驾驭者就能观赏到自己胜利的火花。

——〔英〕柯林斯

卓越的人的一大优点是：在不利和艰难的遭遇里百折不挠。

——〔德〕贝多芬

没有哪一个聪明人会否认痛苦与忧愁的锻炼价值。

——〔英〕赫胥黎

假如说我有什么长处的话，就是毅力。苦难发展我们这种非凡的作用，不向暴风雨低头，灾难来了，也能处之泰然。

——〔法〕巴尔扎克

成德每在困穷，败身多因得志。

——〔清〕王豫

 言行

行为是一面镜子,在它面前,每一个人都显露出各自的真实面貌。

——〔德〕歌德

只有首先做到言出必行,你的话才能有信用。要敢说真话,即使说出真话是十分痛苦的。

——〔古波斯〕昂苏尔·玛阿里

假如你要别人同意你的原则,就先使他相信:你是他的忠实朋友。用一滴蜜去赢得他的心,你就能使他走在理智的大道上。

——〔美〕卡耐基

莫让你的舌头抢先于你的思考。

——〔古希腊〕德谟克利特

善辩的天赋是一种把智者仅仅思考的思想说出的才能。

——〔英〕托马斯·哈代

为一件过失辩解,往往使这过失显得格外重大,正像用布块缝补一个小小的窟窿眼儿,反而欲盖弥彰一样。

——〔英〕莎士比亚

因为有言语,你胜于野兽,若是语无伦次,野兽就胜于你。

——〔古波斯〕萨迪

一个人的实质，不在于他向你显露的那一面，而在于他所不能向你显露的那一面。因此，如果你想了解他，不要去听他说出的话，而要去听他没有说出的话。

——〔黎巴嫩〕纪伯伦

说假话的人得到这样的下场：他说真话，也没人相信。

——〔古希腊〕伊索

编造谎言的人撒的每一次谎不仅是自杀行为，还是对人类社会的健康的伤害。

——〔美〕爱默生

漂亮的词句可以使品行端正，但是品行不端正的人只能用漂亮的词句来说谎。

——〔法〕罗曼·罗兰

为什么我的才能总是不能开花结果？因为我没有恒心！……我陶醉在空谈中，相信着空中楼阁。漂亮话，真的，它毁了我。

——〔俄〕屠格涅夫

忠言必须照单全收，事后才慎加选择——切莫当面拒绝，更不能当场轻下诺言。

——〔日〕佐藤一斋

少说话，尤其是当有着比你强的、陌生的、或比你有经验的、有了解的人在座的时候。因为如果你多说了，你便同时做了两件对自己有害的事：第一，你显露并揭发了你自己的弱点与愚蠢；第二，你失去了一个获得智慧及经验的机会。

——〔德〕黑格尔

话不像话最好不说，话不投机最好沉默。

——〔古波斯〕萨迪

宁可因为说真话负罪，也不要说假话开脱。

——〔古波斯〕萨迪

应当重视你在街道上的行动,一个国家国民的教育程度,最容易从他们在街上的行为和举止看出来了。你在街上的表现就能够说明你的整个教养。

——〔意大利〕亚米契斯

谈论一切事情定要抛开自我吹嘘,绝不要絮絮叨叨地对别人谈你个人关心的事以及自己的私事。你对这些事虽然兴趣盎然,而别人却会厌恶,觉得有粗鲁之嫌。

——〔英〕吉斯特菲尔伯爵

听任何人说话,从他言语的贫乏或是华美上面,立刻就可以知道他过去是否充分地生活过。

——〔美〕爱默生

饶舌之徒滔滔不绝地发表长篇大论,除非其中能有"吐露真情"之处,否则是一钱不值的。

——〔德〕伯尔

光靠大声叫嚷,并不能证明什么事情。一只母鸡不过下了一个蛋,却每每要咯咯地叫一阵,好像它生下了一颗小行星似的。

——〔美〕马克·吐温

凡人皆无法隐瞒私情,尽管他的嘴可以保持缄默,但他的手指却会多嘴多舌。

——〔奥地利〕弗洛伊德

一个人的行为举止、风度仪表是展现一个人外在魅力的主要方式之一。优雅的行为举止使人风度翩翩。

——〔英〕斯迈尔斯

友善的言行、得体的举止、优雅的风度,这些都是走进他人心灵的通行证。

——〔英〕斯迈尔斯

只有将一个人的行为看作此人的个性的流露，我们才能得到合情合理的解释，因为每次"自愿的"行动都是一个人的性格在一定条件下诱发性的表现。

——〔奥地利〕茨威格

若要避免有时说错话，人们就得在社交场合保持沉默，因为不仅是有分量的谈话，甚至是最琐屑的言词，往往也会与在场者发生不幸的利害冲突。

——〔德〕歌德

我们生就一条舌头和两只耳朵，以便我们听得多些，说得少些。

——〔古希腊〕芝诺

一个字只要不说出口，你就是它的主人；一旦你把它吐露，你就成了它的奴隶。

——〔古以色列〕所罗门

有些人的行为就像是一篇韵文，其中每个音节都循规蹈矩：当一个人的思想分裂成那么多细小的观察资料时，他怎能理解伟大的事物呢？

——〔英〕培根

要改变别人而不冒犯或引起反感，请在指责别人之前，先谈论自己的错误。

——〔美〕卡耐基

一个会讲话的人，不是记得别人说过话的人，而是能说些让人记得的话的人。

——〔新西兰〕曼斯菲尔德

既然简洁是智慧的灵魂，冗长是肤浅的藻饰，那么我还是把话说得简单些吧。

——〔英〕本·琼森

当一个人是一个真正的人的时候，他就应当在大言不惭和矫揉造作之间保持等距离，既不夸夸其谈，也不扭捏取宠。

——〔法〕雨果

言近而指远者，善言也。

——［战国］孟子

非仁无为也，非礼无行也。

——［战国］孟子

君子之言，寡而实；小人之言，多而虚。

——［西汉］刘向

能行之者未必能言，能言之者未必能行。

——［西汉］司马迁

行也无邪，言也无颇。

——［唐］韩愈

一言为重百金轻。

——［宋］王安石

无道人之短，无说己之长；施人慎勿念，受施慎勿忘。

——［东汉］崔瑗

百行之本，一言也。一言而适，可以却敌；一言而得，可以保国。响不能独为声，影不能倍曲为直，物必以其类及，故君子慎言出己。负石赴渊，行之难者也。

——［西汉］刘向

劝人不可指其过，须先美其长。人喜则语言易入，怒则语言难入。

——［南宋］吴曾

耳中常闻逆耳之言，心中常有拂心之事，才是进德修行之砥石。

——［明］洪应明

卒然临之而不惊，无故加之而不怒。

——［北宋］苏轼

捱不过底事，莫如早行；悔无及之言，何似休说。

——［明］吕坤

血气之怒不可有，理义之怒不可无。

——［明末清初］黄宗羲

谤议之言，难用褒贬。

——［东汉］曹操

辩不如讷，语不如默，动不如静，忙不如闲。

——［明］陈继儒

冰炭不言，冷热自明。

——［唐］房玄龄

但看花开落，不言人是非。

——［明］陈继儒

刀疮易好，恶语难消。

——［明］范立本

多记先正格言，胸中方有主宰；闲看他人行事，眼前即是规箴。

——［清］王永彬

多见者博,多闻者知,距谏者塞,专己者孤。

——[西汉]桓宽

多指乱视,多言乱听。

——[明]张居正

恶莫大于毁人之善,德莫大于白人之冤。

——[清]申居郧

耳不闻人之非,目不视人之短,口不言人之过。

——[北宋]林逋

甘人之语,多不论其是非;激人之语,多不顾其利害。

——[明]陈继儒

护体面不如重廉耻,求医药不如养性情,立党羽不如昭信义,作威福不如笃至诚,多言语不如慎隐微,博声名不如正心术,恣豪华不如乐名教,广田宅不如教义方。

——[清]金缨

直言者,国之良药也;直言之臣,国之良医也。

——[明]唐甄

事实是毫无情面的东西,它能将空言打得粉碎。

——鲁迅

处事

要像一个小学生那样坐在事实面前,准备放弃一切先入之见,恭恭敬敬地照着大自然指的路走,否则,就将一无所得。

——〔英〕赫胥黎

在我们这个时代,只有不道德的或是没有头脑的人才能够不要原则地过日子。

——〔俄〕屠格涅夫

毫无疑问,人是应当服从法则的,但更重要的是,能够在必要的时候打破法则。

——〔法〕卢梭

世界上的一切都必须按照一定的规矩秩序各就各位。

——〔波兰〕莱蒙特

你挣得了安适的睡眠,你就会睡得好;你挣得了很好的胃口,你吃饭就会吃得很香。这儿的情形和人间是一样的——你得规规矩矩、老老实实地挣一样东西,然后才能享受它。你绝不能先享受,然后才来挣得。

——〔美〕马克·吐温

打破常规的道路指向智慧之宫。

——〔英〕威廉·布莱克

从一个角度办不到的事情，不妨从另一个角度试试看。

——〔美〕华特·迪士尼

要等待！一切人类的智慧都来源于这个词。最伟大的人、最有力量的人、特别是那些最机灵的人，都是善于等待的人。

——〔法〕大仲马

不涸泽而渔，不焚林而猎。

——［西汉］刘安

不镜于水，而镜于人，则吉凶可鉴也；不蹶于山，而蹶于垤，则细微宜防也。

——［清］王永彬

不困在于早虑，不穷在于早豫。

——［西汉］刘向

不能缩头者，且休缩头；可以放手者，便须放手。

——［清］王永彬

不实心，不成事；不虚心，不知事。

——［明］陈继儒

不受虚言，不听浮术，不采华名，不兴伪事。

——［东汉］荀悦

不以爱之而苟善，不以恶之而苟非。

——［三国·魏］嵇康

才智英敏者，宜以学问摄其躁；气节激昂者，当以德性融其偏。

——［明］洪应明

常人安于故俗，学者溺于所闻。

——［西汉］司马迁

称人之善，我有一善，又何妒焉？称人之恶，我有一恶，又何毁焉？

——［明］吕坤

诚无悔，恕无怨，和无仇，忍无辱。

——［北宋］林逋

处富贵之时，要知贫贱的痛痒；值少壮之日，须念衰老的辛酸；入安乐之场，当体患难人景况；居旁观之地，要谅局内人苦心。

——［清］金缨

处人不可任己意，要悉人之情；处事不可任己见，要悉事之理。

——［明］吕坤

处世不必邀功，无过便是功；与人不求感德，无怨便是德。

——［明］洪应明

处事须留余地，责善切戒尽言。

——［清］金缨

处事宜宽平，而不可有松散之弊；持身贵严厉，而不可有激切之形。

——［清］王永彬

处治世宜方，处乱世宜圆。

——［明］洪应明

大丈夫处事，论是非不论祸福；士君子立言，贵平正尤贵精详。

——［清］王永彬

待人留不尽之恩，御事留不尽之智。

——［明］陈继儒

当断不断，反受其乱。

——［西汉］司马迁

得闭口时须闭口,得放手时须放手。

——[明]冯梦龙

得其所利,必虑其所害;乐其所成,必顾其所败。

——[西汉]刘向

非理之财莫取,非理之事莫为。

——[明]冯梦龙

各自责,则天清地宁;各相责,则天翻地覆。

——[明]吕坤

不以规矩,不能成方圆。

——[战国]孟子

过去事丢得一节是一节,现在事了得一节是一节,未来事省得一节是一节。

——[清]金缨

好丑不可太明,议论不可务尽,情势不可殚竭,好恶不可骤施。

——[明]陈继儒

好事尽从难处得,少年无向易中轻。

——[唐]李咸用

好事须相让,恶事莫相推。

——[唐]王梵志

反听之谓聪,内视之谓明,自胜之谓强。

——[西汉]司马迁

和者无仇,恕者无怨,忍者无辱,仁者无敌。

——[南朝]傅昭

知其善而守之，锦上添花；知其恶而弗为，祸转为福！

——［五代］陈抟

常制不可以待变化，一涂不可以应无方。

——［东晋］葛洪

凡遇事须安详和缓以处之，若一慌忙，便恐有错。盖天下何事不从忙中错了。故从容安详，为处事第一法。

——［清］曾国藩

做天下好事，既度德量力，又审势择人。"专欲难成，众怒难犯"，此八字者不独妄动邪为者宜慎，虽以至公无私之心，行正大光明之事，亦须调剂人情，发明事理，俾大家信从，然后动有成，事可久。盘庚迁殷，武伐纣，三令五申，犹恐弗从。盖恒情多暗于远识，小人不便于己私，群起而坏之，虽有良法，胡成胡久？

——［明］吕坤

处事最当熟思缓处，熟思则得其情，缓处则得其当。

——［明］陈继儒

世间事各有恰好处，慎一分者得一分，忽一分者失一分。全慎全得，全忽全失。小事多忽，忽小则失大；易事多忽，忽易则失难。存心君子，自得之体验中耳。

——［清］曾国藩

第二辑

立业之本

事业

干一番轰轰烈烈的事业需要始终不渝的精神,而且必须具备清醒的头脑和热忱。

——〔法〕大仲马

切实苦干的人往往不高谈阔论,他们惊天动地的事业显示了他们的伟大,可在筹划重大事业的时候,他们是默不作声的。

——〔俄〕克雷洛夫

事业是栏杆,我们扶着它在深渊的边沿上行走。

——〔苏联〕高尔基

人的灵魂表现在他的事业上。

——〔挪威〕易卜生

一个人的事业心决不能妨碍另一个人的事业心……我们的事业心就是一种道德品质,而事业心的要求就是一种道德的要求。

——〔苏联〕马卡连柯

人必须有一个无法放弃、无法搁下的事业,才能变得无比的坚强。

——〔俄〕车尔尼雪夫斯基

人是要死的,谁也活不了几百岁,但是他的事业定会永垂不朽。

——〔苏联〕高尔基

我们永远不应该抛弃一个事业。如果它要二十、三十年，甚至一生或好几代的工夫，我们也献给它，一点也不吝惜。

——〔法〕爱弥尔·左拉

共同的事业、共同的斗争可以使人们产生忍受一切的力量。

——〔苏联〕奥斯特洛夫斯基

事业并不错，错的只是它的低劣的实行者。

——〔俄〕屠格涅夫

伟大的业绩不灭，它们会像太阳和月亮升起那样永获新生，并祝福仰望它们的人。

——〔英〕丁尼生

独辟蹊径才能创造出伟大的业绩，在街道上挤来挤去不会有所作为。

——〔英〕威廉·布莱克

世上没有一个伟大的业绩是由事事都求稳操胜券的犹豫不决者创造的。

——〔英〕艾略特

在年轻人的颈项上，再也没有什么比事业心这颗灿烂的珠宝更迷人的了。

——〔美〕爱默生

要成大事，就得既有理想，又讲实际，不能走极端。

——〔美〕富兰克林·罗斯福

一个人只有以他全部的力量和精力致力于某一事业时，才能成为一个真正的大师。

——〔美〕爱因斯坦

事业应该笑着、乐着办起来。事业可不喜欢沉闷。

——〔苏联〕高尔基

事业是理论和实践的生动统一。

——〔古希腊〕亚里士多德

一个实业家应该像制造机器的技师一样，冷静严格。如果想真正干出一番事业来，那就势必连每一颗最小的螺丝钉的摩擦力也得计算到。

——〔苏联〕高尔基

人的思想是了不起的，只要专注于某一项事业，那就一定会做出使自己感到吃惊的成绩来。

——〔美〕马克·吐温

对一个人来说，所期望的不是别的，而仅仅是他能全力以赴和献身于一种美好的事业。

——〔美〕爱因斯坦

不要在已成的事业中逗留着！

——〔法〕巴斯德

我们去完成某种事业，达到某种目的，不能像池沼里的青蛙那样，把生命在咯咯咯的叫声中消磨掉。应当去完成自己向往的事业，达到自己追求的目的。

——〔苏联〕尤里·特里丰诺夫

现实生活中不可能保持一块洁白无疵的净土。要是想认真完成一项必要的事业，为人既要灵活，又要有一副铁石心肠。

——〔印度〕泰戈尔

事业归事业，生活归生活，二者有严格的区别。事业要求的是严肃认真，而生活则要求自由活泼。事业需要的是纯粹"一步一个脚印"实干，而生活往往需要随和轻松，使人感到舒畅。切莫将二者混淆起来，别因生活的自由而丧失和放弃事业上的脚踏实地。

——〔德〕歌德

没人愿意为之牺牲的事业是没有前途的。

——〔法〕路易·维伊奥

成就一番伟业的唯一途径就是热爱自己的事业。如果你还没能找到让自己热爱的事业，继续寻找，不要放弃。跟随自己的心，总有一天你会找到的。

——〔美〕史蒂夫·乔布斯

宏伟的事业，只有靠实实在在的、微不足道的一步步的积累，才能获得成功。

——〔日〕稻盛和夫

不管是谁，只要具有常识，忠于原则，并乐于吃苦，都能做出一番事业。

——〔美〕雷蒙·克罗克

事业成功的首要条件，不在事业家的价值判断，而在于顾客的价值判断。顾客认为"有价值"，才是决定性的因素。

——〔日〕松下幸之助

如果我们能替别人的利益着想，那么，我们的事业才能繁荣。我们的事业繁

荣了，就会给更多的人带来利益。

——〔日〕吉田忠雄

如果你已经有了自己的事业，看一看它是不是你的最爱；如果你是公司的老总，看一看你的产品定位是否准确；如果你主管产品的生产，看一看成本是否已经降到了最低。但其中最主要的，是要关注你的事业，关注你的产品，因为只有关注，才能成功。

——〔美〕亨利·福特

我心里很明白，我能取得这样的成功是因为很多人的帮助，而我也巧妙地利用自己是站在别人的肩膀上这一点成就了属于自己的事业，这也是我管理思想的精髓所在。

——〔美〕迈克尔·戴尔

一个不注意小事情的人，永远不会成就大事业。

——〔美〕安德鲁·卡耐基

不要把全部心思都投入到事业中去，而是要把事业放到心里去。

——〔美〕小托马斯·沃森

也许每个人都对自己的生命有着独特的期许吧。我费尽心血把我的大好年华全都奉献给了我的事业，并从自己的身上找到许多治理公司的路子。那就是做简单的事情，并且始终如一。

——〔美〕山姆·沃尔顿

有抱负的年轻人应该把目光放得长远一些，从而为事业的发展留下充分的时间。

——〔美〕亨利·福特

人长着一颗脑袋就是该用来干一番事业的。

——〔俄〕果戈理

我不相信一个人可以放下自己的事业,他应当白天思考他的事业,晚上梦想他的事业。

——〔美〕亨利·福特

人最宝贵的东西是生命,生命对于每个人而言只有一次。一个人的生命应该这样度过:当他回首往事的时候,他不会因为虚度年华而悔恨,也不会因为碌碌无为而羞耻;这样,在临死的时候,他就能够说:"我整个的生命和全部精力都已献给世界上最壮丽的事业——为人类的解放而斗争。"

——〔苏联〕奥斯特洛夫斯基

创业

　　创业起始就像从几乎无路可通的丛莽中斩棘披荆，寻觅一处可能发现金沙的所在，然后淘尽了数千斤沙石，希望至少找到几粒金屑。

——〔苏联〕斯坦尼斯拉夫斯基

　　我不认为一定要在创业阶段开办自己的公司。为一家公司工作并学习他们如何做事，会让你受益匪浅。对我们来说，打好基础非常重要。

——〔美〕比尔·盖茨

　　必须大胆地创业，小心地守战。不但要重视往桶内装水，还要注意有没有漏水。

——〔日〕松下幸之助

　　创业之初，无法给职工像样的待遇，设备又差，也没有什么得意的技术。在这样一种什么物质条件都不具备的情况下，要让大家一起去拼命地干活，必须以创业时的"血盟"精神作为企业经营的基础。

——〔日〕稻盛和夫

　　刚创业时，最先录用的10个人将会决定公司的成败，而每一个人都是这家公司的1/10，如果10个人中有3个人不是那么好，那你为什么要让你公司里30％的人不够好呢？小公司对于优秀人才的依赖要比大公司大得多。

——〔美〕史蒂夫·乔布斯

在创业问题上，有人问我："迈克尔，告诉我该怎么做？"我就告诉他："如果一定得要我来告诉你的话，你就更不知道该怎么做了。"这种事情没有一定的准则，这关乎个人的决定。你必须有自己的信念，如果你没有，那么你就做不成。而如果有自己的信念，就会知道该怎么做。

——〔美〕迈克尔·戴尔

创建事业的四大原则：第一，必须敏锐地洞察时代的动向；第二，必须抑制贪心，不能超越自己的能力去经营企业；第三，必须绝对避免投机心理；第四，办企业要有多种准备，当上策受挫或失败时，你要果断地放弃上策，毅然采取中策或下策，做到有备无患。

——〔韩〕李秉喆

新成立的公司所面临的挑战之一就是你无法真正了解什么才是正确的策略，因而必须做很多的测试与实验以便调整策略，找出重点所在。所以，要勤做实验，一旦发现怎么做比较好，就把你的焦点放在这上面，仔细推敲。

——〔美〕迈克尔·戴尔

即使你们把我身上的衣服剥得精光，一个子儿也不剩，然后把我扔在撒哈拉沙漠的中心地带，但只要有两个条件——给我一点时间，并且让一支商队从我身边路过，那要不了多久，我就会成为一个新的百万富翁。

——〔美〕约翰·戴维森·洛克菲勒

逆流而上，走不同的路，放弃传统观念。如果每个人都走同一条路，那么选择不同的方向，就可以找到自己的优势。

——〔美〕山姆·沃尔顿

我们创业成功，的确有很大部分靠运气，我们获得了天时与地利，也很幸运有优秀的老师和教练。惠普并不是开路先锋，这个领域本来就有很多人在研究，而我们从无数人身上学到了许多东西。

——〔美〕比尔·休利特

当我们创业时，对于可能遇到的风险早已了如指掌。我们投下的每一分钱，毫无疑问，正是因为它的冒险性，才能激发创新、勤奋和高度的企望。

——〔美〕玫琳·凯

创业就得从头开始，而不是从中间开始；得从一戈比开始，而不是从一卢布开始；得从底下开始，而不是从上面开始。

——〔俄〕果戈理

创业者总比别人更了解自己隐而不露的弱点及其危害性。

——〔奥地利〕茨威格

在创业时期中必须靠自己打出一条生路来，艰苦困难即此一条生路上必经之途径，一旦相遇，除迎头搏击外无他法，若畏缩退避，即等于自绝其前进。

——邹韬奋

搭班子，定战略，带队伍。

——柳传志

在创业过程中，如果说压力，我认为选择什么不做是非常大的压力。因为在这过程中受到的诱惑太多了，每一个新的概念都可以做很大的东西。在商业上的策略不是决定做什么，而是决定不做什么。

——黄明明

一个真正的企业家，不能只靠胆大妄为东奔西撞，也不可能是在学院的课堂里说教出来的。他必须在市场经济的大潮中摸爬滚打，在风雨的锤炼中长大。

——王均瑶

一个人围着一件事转，最后全世界可能都会围着你转；一个人围着全世界转，最后全世界可能都会抛弃你。

——刘东华

我们创业的时候没有想到去赚钱，所以有了钱以后也没有说是达到目标。赚钱不是我们创业的原因，也不是我们到现在该走还是不该走的原因。有了足够的钱财，真正的好处就是给我个人足够的时间、足够的能力去真正做我想要做的事情、我喜欢做的事情。

——杨致远

人类常犯的基本错误就是忽略前提。他不知道，一旦忽略了前提，在不同前提下所作的貌似正确的一切结论都是荒唐可笑的。

——刘东华

如果大环境小环境都自己去建设的话，我自身的能力、实力不具备。所以当时我们只有一个简单的想法，就是我把自己有限的资本或者力量聚焦到一个核心——如何去塑造品牌，把相关的交给社会来完成。

——周成建

任何时候做任何事，订最好的计划，尽最大的努力，作最坏的准备。

——李想

财富是猫的尾巴，只要勇往直前，财富就会悄悄跟在后面。

——王志东

目标

无论在斗争中或牺牲中，我们都只对准一个目标，坚守一个信念，这样我们就可以克敌制胜。

——〔加拿大〕白求恩

对什么都有兴趣的人是讨人喜欢的人。但是干事业，就应在一定的时间内，专心致志于一个目标。

——〔法〕莫鲁瓦

人生就是行动、斗争和发展，因而不可能有什么固定不变的目标，人生的欲望和追求决不会停止不动。

——〔美〕弗兰克·梯利

没有追求的人生是十分乏味的。

——〔英〕艾略特

人致力于一个目标、一种观念，是人在生活过程中追求完整需要的一种表现。

——〔美〕弗洛姆

人们所努力追求的庸俗的目标——财产、虚荣、奢侈的生活，我总觉得都是可鄙的。

——〔美〕爱因斯坦

一个人追求的目标越高，他的能力就发展得越快，对社会就越有益。

——〔苏联〕高尔基

让整个一生都在追求中度过吧，那么在这一生中必定会有许许多多顶顶美好的时刻。

——〔苏联〕高尔基

有不少人，他们不追求那些物质的东西，他们追求理想和真理，从而得到了内心的自由和安宁。

——〔美〕爱因斯坦

没有追求的人很快就会消沉。哪怕只有不足挂齿的追求也总比没有要好。

——〔英〕卡莱尔

一个人的意义不在于他的成就，而在于他所企求成就的东西。

——〔黎巴嫩〕纪伯伦

走得最慢的人，只要他不丧失目标，也比漫无目的地徘徊的人走得快。

——〔德〕莱辛

没有一定的目标，智慧就会丧失；哪儿都是目标，哪儿就都没有目标。

——〔法〕蒙田

要清楚自己想做什么，并且坚定地把持这个信念。每天都做你应该做的事，那么在每天结束时，你会看见目标又向前一步了。

——〔美〕埃·哈伯德

没有预定港口的人，一定不会得到风的帮助。

——〔法〕蒙田

人类最伟大、最光荣的杰作就是如何怀着目标生活。

——〔法〕蒙田

一个人必须固定他的视野，如果他立志要成功的话。他必须知道他正在为什么目标而工作，然后他才会像一只牛头犬追逐猫儿那样地紧追不舍。一个知道自己目标的人，就不会因为挫折和失败而泄气了。

——〔美〕多萝西·卡耐基

一个目标达到之后，马上立下另一个目标，这是成功的人生模式。

——〔美〕多萝西·卡耐基

感到自己在这个世界上是件多余的装饰品，那是很难堪的。活着而又没有目标是可怕的。

——〔俄〕契诃夫

目的是引导万物前进的。

——〔俄〕阿尔志跋绥夫

灵魂如果没有确定的目标，它就会丧失自己，因为，俗语说得好，无所不在等于无所在。

——〔法〕蒙田

你想要达到什么目的，就要把所有的力气，所有的手段，所有的条件，所有的一切都花上去，要盯住不放！

——〔苏联〕尤里·特里丰诺夫

向着某一天终于要达到的那个终极目标迈步还不够，还要把每一步骤看做目标，使它作为步骤而起作用。

——〔德〕歌德

目标越接近，困难越增加。但愿每一个人都像星星一样安详而又从容地不断沿着既定的目标走完自己的路程。

——〔德〕歌德

对于一只盲目航行的船来说，所有的风都是逆风。

——〔法〕哈伯德

有人活着没有任何目标。他们在世间行走，就像河中的一棵小草，他们不是行走，而是随波逐流。

——〔古罗马〕塞涅卡

没有目的，就做不成任何事情；目的渺小，就做不成任何大事。

——〔法〕狄德罗

在理想的最美好的世界中，一切都是为最美好的目的而设。

——〔法〕伏尔泰

有一些宝贵的东西作为它的目标时，生活才有价值。

——〔德〕黑格尔

目标愈高，志向就愈可贵。

——〔西班牙〕塞万提斯

如果一个人没有远大的目标，那么凡事只能停留在思考阶段，不会想去行动。

——〔日〕德田虎雄

我们以人们的目的来判断人的活动，目的伟大，活动才可以说是伟大的。

——〔俄〕契诃夫

没有目的，个人完了，目的也就完了。

——〔苏联〕奥斯特洛夫斯基

一个人追求的目标越高，他的才能就发展得越快，对社会就越有益，我确信这也是一个真理。

——〔苏联〕高尔基

只有向自己提出伟大的目标并以自己的全部力量为之奋斗的人，才是幸福的人。

——〔苏联〕加里宁

凡是以追求自己的幸福为目标的人，是坏的；凡是以博得别人的好评为目标的人，是脆弱的；凡是以使他人幸福为目标的人，是有德行的。

——〔俄〕列夫·托尔斯泰

要有生活目标：一辈子的目标、一段时期的目标、一个阶段的目标、一年的目标、一个月的目标、一个星期的目标、一天的目标、一个小时的目标、一分钟的目标，还要为大目标而牺牲小目标。

——〔俄〕列夫·托尔斯泰

如果你想射中靶心，你就必须瞄得稍稍高一些。

——〔美〕朗费罗

在瞄准遥远目标的同时，不要轻视近处的东西。

——〔古希腊〕欧里庇得斯

我们的目标是：每天发现一个更好的办法。

——〔美〕杰克·韦尔奇

坚持

一个人只要强烈地坚持不懈地追求，他就能达到目的。

——〔法〕司汤达

你如果愿意有所作为，就必须有始有终。

——〔墨西哥〕费尔南德斯·德·利萨尔迪

顽强的毅力可以征服世界上任何一座高峰。

——〔英〕狄更斯

坚持对于勇气，正如轮子对于杠杆，那是支点的永恒更新。

——〔法〕雨果

我们不会消沉或失败，我们要坚持到最后。

——〔英〕丘吉尔

我有两个忠实的助手，一个是我的耐心，另一个就是我的双手。

——〔法〕蒙田

要看日出必须守到拂晓。

——〔英〕沃尔特·司各特

耐心和持久胜过激烈和狂热。

——〔法〕拉·封丹

不要让痛苦使你背离你已经开始的、值得赞美的事业。谁只要能坚持到底，他便是有福的。

——〔德〕格里美尔斯豪森

一个人只要看着婴儿学走路，即能明了耐性的真谛。

——〔美〕弗洛姆

耐性与不屈不挠的精神可以克服万难。

——〔美〕爱默生

耐性乃智慧之友。

——〔古罗马〕奥古斯丁

忍耐是对付一切困难的最好药物。

——〔古罗马〕普劳图斯

你如果想要快乐，就该把忍耐带到你家里去。

——〔英〕王尔德

如果你已养成耐性，请相信你已干了许多事情。

——〔德〕歌德

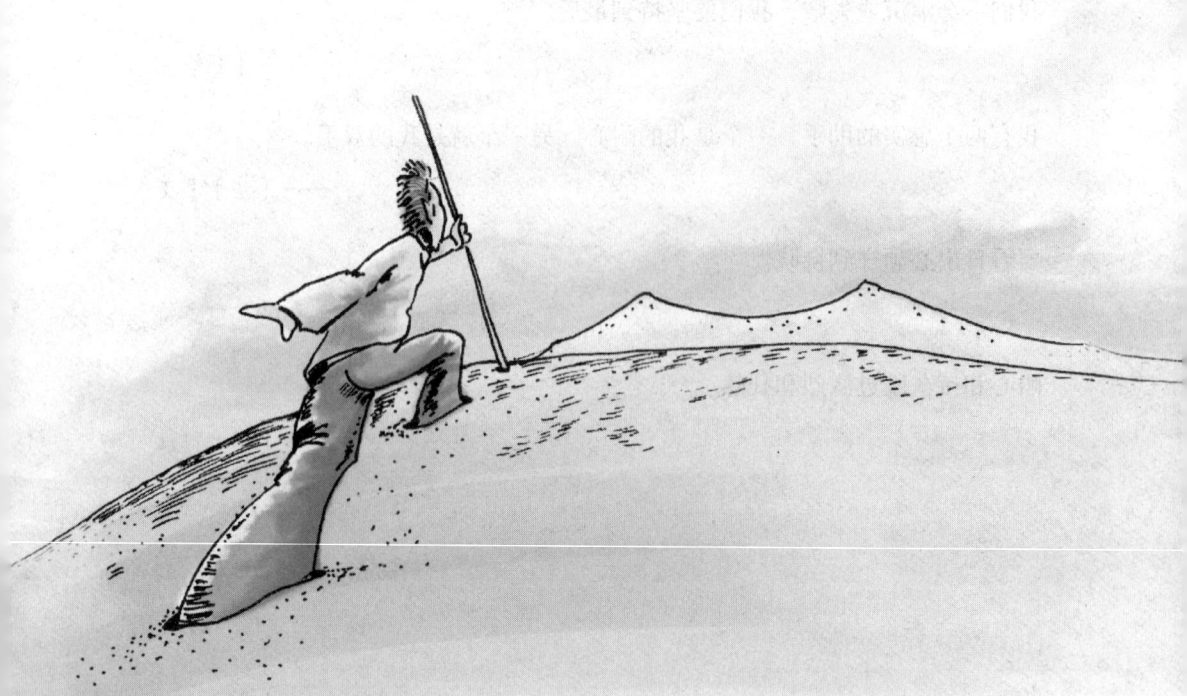

如果上天收回所有解决问题的途径，唯一留下来的，就只有耐性了。

——〔英〕约翰·洛克

忍耐是苦涩的，但它的果实却是甘甜的。

——〔法〕卢梭

成大事不在于力量的大小，而在于能坚持多久。

——〔英〕塞缪尔·约翰逊

一个人如果做事没有恒心，他是任何事也做不成功的。

——〔英〕牛顿

达到重要目标有两个途径——努力及毅力。努力只有少数人所有，但坚韧不拔的毅力则多数人均可拥有。

——〔法〕拿破仑

所有坚韧不拔的努力迟早都会得到报酬。

——〔法〕安格尔

斧头虽小，但经多次劈砍，终能将一棵最坚硬的橡树砍倒。

——〔英〕莎士比亚

做事是否快捷，不在一时奋发，而在能否持久。

——〔英〕培根

只有毅力才会使我们成功，而毅力又来源于毫不动摇，坚决采取为达到成功所需要的手段。

——〔俄〕车尔尼雪夫斯基

累了就歇在路边的人是不会得到胜利的。

——〔美〕尼克松

惯于实际生活的人能坚持到底，坚持到最后结局。自我反省和空谈理论的人却不想越过他们自己所指定的边界，而永远停在那里，他们在崇高的意向、绝对的真诚和才干的条件下，阻碍事件前进，因为惧怕山巅险峻会撞伤他们。

——〔俄〕屠格涅夫

我的最高原则：不论遇到什么困难，都决不屈服。

——〔波兰〕居里夫人

只有恒心可以使你达到目的，只有博学可以使你明辨世事。

——〔德〕席勒

做事半途而废，说话有头无尾都是坏事。这世界上的万恶之源乃是半吊子精神。

——〔奥地利〕茨威格

世间的事一向如此，受奖的永远是那些有幸将伟大事业进行到底的人，而所有那些用自己的智慧和鲜血促使这功绩成为可能和现实的人，却总是被人遗忘。

——〔奥地利〕茨威格

因为唯有通过持久的努力，去追求一个目标，才能够把一个能干的人物转变为创造性的天才。

——〔奥地利〕茨威格

要有所成就，要成为独立自恃、始终如一的人，就必须言行一致。

——〔法〕卢梭

持续不断、始终不懈地尽自己的本分，所需要的毅力并不亚于完成英雄事业所需要的毅力。

——〔法〕卢梭

工作

人们要坚信自己的职业比其他任何职业都重要,如若不然,他就无法坚持这个职业。

——〔德〕尼采

一个人如果对自己的职业坚信不疑,如果不心怀二志,他的心里就只知道有这个职业,只承认这个职业,也只尊重这个职业。

——〔德〕托马斯·曼

选择职业对于加入劳动大军的青年具有重大的意义,因为从事符合自己兴趣和能力的劳动比从事违反本性的劳动要使人愉快得多。

——〔苏联〕克鲁普斯卡娅

工作将占据你生命中相当大的一部分。从事你认为具有非凡意义的工作,方能给你带来真正的满足感。

——〔美〕史蒂夫·乔布斯

每一种工作都蕴藏着无穷的乐趣,只是有些人不懂得怎样去发掘它们罢了。

——〔法〕卢梭

不要再做你不喜欢的工作。如果你喜欢你的工作,你便会喜欢自己,内心平静。如果你有了这些,再加上身体健康,你将获得超过你所能想象的成功。

——〔美〕约翰尼·卡森

"快乐"不是因为拥有金钱；它来自于完成工作的乐趣，来自于付出努力后的激动。

——〔美〕罗斯福

工作是大自然的医生，人类幸福的源头。

——〔古罗马〕加伦

些许的劳动，无比的健康。

——〔英〕乔治·赫伯特

倘若不工作，健康有何用？生命有何用？

——〔英〕托马斯·卡莱尔

工作是治疗人类所有病痛与悲伤的良药——诚实地工作，出于自愿地工作。

——〔英〕卡莱尔

工作能驱走三大邪恶势力：无聊、犯罪与贫穷。

——〔法〕伏尔泰

如同任何伟大的浪漫关系一样，伟大的工作只会在岁月的酝酿中越陈越香。所以，在你终有所获之前，不要停下你寻觅的脚步，不要停下。

——〔美〕史蒂夫·乔布斯

人们劳动得到的最高报酬不是他的所得，而是工作对他的影响。

——〔英〕约翰·罗斯金

对一个有适当工作的人而言，快乐来自于工作，有如花朵结果前拥有的彩色花瓣。

——〔英〕约翰·罗斯金

我非常相信命运，而我工作越努力，运气越好。

——〔美〕托马斯·杰斐逊

人们若想从工作中得到快乐,以下是三个必要的条件:工作要合志趣,工作不可过度,工作要让他们有成就感。

——〔英〕约翰·罗斯金

相信我,我喜欢成功。但是,真正使我的心灵与情绪飞扬激荡的却是工作的过程。

——〔美〕卡森·凯宁

我不喜欢工作,没有人喜欢工作。但我喜欢工作所包含的部分:那份认识自我的机会,只为自己不为别人的时候,和别人不知道的种种事物。

——〔英〕约瑟夫·康拉德

下一回你被某项工作吓住时,不妨昂然地向它走去,完成那看似不可能的工作。这是办得到的;只要你对自己有无比的信心,你就办得到。

——〔美〕卡耐基

工作就是人生的价值、人生的欢乐,也是幸福之所在。

——〔法〕罗丹

一个人如果在某一天内沉静地抱着伟大的目标工作着,这一天就是为纪念他而设的。

——〔美〕爱默生

由工作产生的疲劳,能使人在休息时感到愉快;而由怠惰产生的疲劳,只能使人在休息时感到烦躁和悔恨。

——〔日〕石川达三

从事单调工作的人之所以比无所事事的人幸福,就是因为工作为他们提供了消磨时间的快乐与施展哪怕是最微小抱负的快乐。

——〔英〕罗素

看重你的工作,精神振奋地投入每一件事,会使你充满活力,并赢得尊敬。

——〔法〕雨果

我应当工作到自己生命的最后一息——倘若我的图画在我眼前毁灭或者烧毁,我也应当心安理得,就像它还存在一样,因为我未曾懈怠,我劳动过了。

——〔俄〕果戈理

第三辑

成才之路

人才

中才因头衔而出现，大才妨碍头衔，小才则玷污头衔。

——〔爱尔兰〕萧伯纳

要使山谷肥沃，就得时常栽树。我们应该注意培养人才。

——〔法〕约里奥·居里

优秀的人才是公司的重要资产，人才比计划更重要。留住好人才是公司成功的标志。

——〔美〕玫琳·凯

人才是最难得的一种资源。因此，一旦发现了人才，不光要留住他，更重要的是要培育他、重用他，给他创造充分施展才华的环境。

——〔韩〕李秉喆

企业最大的资产是人。

——〔日〕松下幸之助

人才可遇不可求。人才的鉴别，不能单凭外表，人才效应不能急功近利，领导者不能操之过急。

——〔日〕松下幸之助

什么是甲级人才呢？对领导者而言，甲级人才就是对未来的发展能够构造出一幅美好蓝图，而且能够将这幅蓝图清楚地向团队阐述的人，这种阐述必须非常详尽有力，直到它也成为所有团队成员的奋斗目标为止。

——〔美〕杰克·韦尔奇

你也许会拥有使你骄傲的技术或者产品，但是只有人才才能决定你是否还能发展出下一个使你赢利的产品或技术。

——〔美〕史蒂夫·鲍尔默

我们希望找到经验与智慧均衡发展的人，在创新的过程中不怕犯错的人，以及视变化为常态并且热衷于从不同角度看待问题和情况，进而提出极具新意的解决办法的人。

——〔美〕迈克尔·戴尔

一个公司要发展迅速，得力于聘用好的人才，尤其是需要聪明的人才。

——〔美〕比尔·盖茨

公司最大资产并不是拥有庞大的成功，不是靠理论，不是靠计划，也不是国家政策，而是人，只有人才能使企业获得成功。

——〔日〕盛田昭夫

不错，我有许多资产，但被我视为最宝贵的却是我的员工，离开他们我就觉得自己一无所有。

——〔日〕土光敏夫

即使人们有世界上最好的策略，但是如果没有合适的人去发展、实现它，这些策略恐怕也只能"光开花，不结果"。

——〔美〕杰克·韦尔奇

学历就好比商品上的标签，论才用人要看品质，不要只注重标签价码。

——〔日〕松下幸之助

他有着天才的火花！你知道这是什么意思？那就是勇敢开阔的思想，远大的眼光——他种下一棵树，他就已经看见了千百年的结果，已经憧憬到人类的幸福。

这种人是少有的，要爱就爱这种人。

——〔俄〕契诃夫

离开了人才荟萃的中心，呼吸不到思想活跃的空气，不接触日新月异的潮流，我们的知识会陈腐，趣味会像死水一般变质。

——〔法〕巴尔扎克

人类全都在脚手架上劳动。每一个有才学的人都是一名泥瓦工人。最卑微的人也在给它填补空白或是放上石头。

——〔法〕雨果

创新应当是企业家的主要特征，企业家不是投机商，也不是只知道赚钱、存钱的守财奴，而应该是一个大胆创新、敢于冒险、善于开拓的创造型人才。

——〔美〕熊彼特

善于巧妙地利用自己平庸禀赋的人，常常比真正的卓越者赢得更多的尊敬和名声。

——〔法〕拉罗什富科

知者不博，博者不知。

——［春秋］老子

得十良马，不若得一伯乐；得十良剑，不若得一欧冶；得地千里，不若得一圣人。

——［战国］吕不韦

安危在出令，存亡在所任。

——［西汉］司马迁

何世无材，患主人不能识耳，苟能识之，何患无材。

——［西汉］汉武帝

人才虽高，不务学问，不能致圣。

——［西汉］刘向

路不险，则无以知马之良；任不重，则无以知人之德。

——［东汉］徐干

采玉者破石拔玉，选士者弃恶取善。

——［东汉］王充

马不伏枥，不可以趋道；士不素养，不可以重国。

——［东汉］班固

朝无争臣则不知过，国无达士则不闻善。

——［东汉］班固

非才而据，咎悔必至。

——［西晋］陈寿

不用干将，奚以知其锐也；不引乌号，奚以知其劲也？

——［北齐］刘昼

立大功者不求小疵，有大忠者不求小过。

——［唐］陈子昂

量力而任之，度才而处之。

——［唐］韩愈

高者未必贤，下者未必愚。

——［唐］白居易

择才不求备，任物不过涯。

——［唐］元稹

高才何必贵，下位不妨贤。

——［唐］张祜

教之、养之、取之、任之，有一非其道，则足以败乱天下之人才。

——［北宋］王安石

博求人才，广育士类。

——［北宋］苏轼

报国之忠，莫如荐士；负国之罪，莫如蔽贤。

——［北宋］司马光

夫天下至广，遂无一人者，非真无人也，但求之不勤不至耳。

——［北宋］欧阳修

知行知止唯贤者，能屈能伸是丈夫。

——［北宋］邵雍

致天下之治者在人才，成天下之才者在教化。

——［北宋］胡瑗

古人相马不相皮，瘦马虽瘦骨法奇；世无伯乐良可嗤，千金市马惟市肥。

——［北宋］欧阳修

江山代有才人出，各领风骚数百年。

——［清］赵翼

人材者，求之则愈出，置之则愈匮。

——［清］魏源

人才那得如金铜，长在泥沙不速朽。愿公爱士如爱尊，毋使埋渣嗟不偶。

——［清］袁枚

才不胜不可居其位，职不称不可食其禄。

——［清］王豫

非尽百家之美，不能成一人之奇；非取法至高之境，不能开独造之域。

——［清］刘开

九州生气恃风雷，万马齐喑究可哀。我劝天公重抖擞，不拘一格降人才。

——［清］龚自珍

真圣贤决非迂腐，真豪杰断不粗疏。

——［清］金缨

成才

　　一个人成长的过程，不仅是肌肉和体格的增强，而且随着身体的发展，精神和心灵也同时扩大。

——〔英〕莎士比亚

　　真正的满足应该是，在内心不断成长的过程中，蜕变得更正直、更真诚、更豁达、更单纯、更果断、更温柔、更仁慈、更有活力。而这些我们全都可以做到，只要每日不辍，尽力去做。

——〔美〕詹姆斯·弗里曼·克拉克

　　我们必须不断改进、充实、更生自己；否则我们就硬化了。

——〔德〕歌德

　　唯有在睿智而完全的生活中，灵魂才会成长。

——〔美〕阿瑟·H.康普顿

　　任何事情都没有快速的捷径。一次一件事情，所有事情连缀不断。成长快速，衰退也快速；唯有缓慢成长，才能持久。

——〔美〕乔·吉·霍兰

　　才华总是通过独立的（精神上的）活动成长起来的。

——〔俄〕车尔尼雪夫斯基

　　即使一个人天分再高，如果不艰苦操劳，他不仅不会做出大的事业，就是平凡的成绩也不可能得到。

——〔俄〕柴可夫斯基

无论天资有多么高，他仍需学会了技巧来发挥那些天资。

——〔英〕卓别林

大量的才能失落在尘世间，只因为缺少一点儿勇气。

——〔英〕西德尼·史密斯

如果你富于天资，勤奋可以发挥它的作用；如果你智力平庸，勤奋可以弥补它的不足。

——〔英〕乔舒亚·雷诺兹

世界上有成就的人都是能放开眼光找他们所需要的境遇的人，要是找不着，就自己创造。

——〔爱尔兰〕萧伯纳

才能不是天生的、可以任其自便的，而是要钻研艺术、请教良师，才会成才。

——〔德〕歌德

一个人在还没有锻炼成人之前，在还没有完全教育好自己的时候，尽管向往完美，但身上仍然有许多严厉的地方、许多生硬的地方和许多让别人反感的地方。

——〔俄〕果戈理

高雅的品位、崇高的道德标准、向社会大众负责及不施压力威胁的态度——这些事让你终有

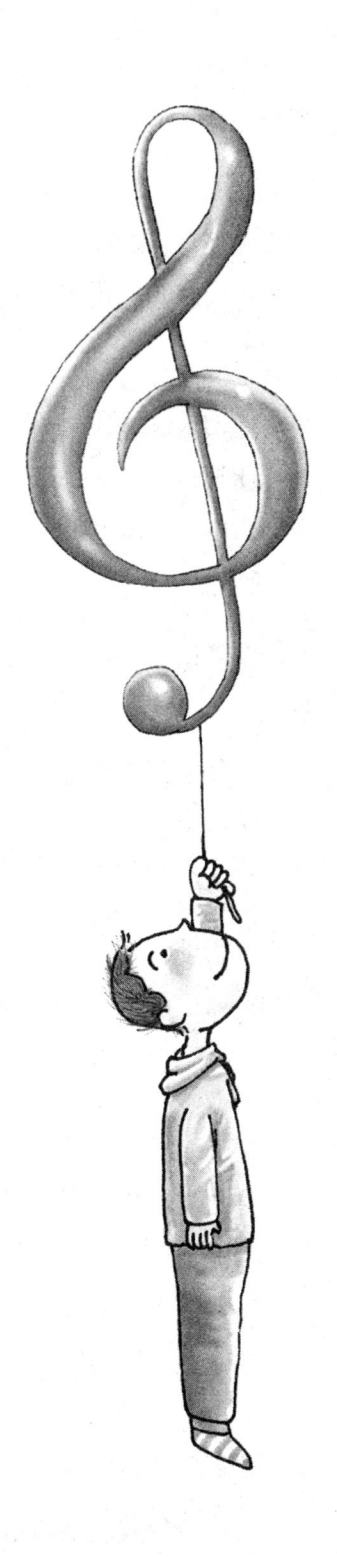

所获。

——〔美〕李奥·贝纳

在经常监督的压力之下成长的人们，不能希望他们多才多艺，不能希望他们有创造的能力，不能希望他们有果敢的精神，不能希望他们有自信的行为。

——〔德〕赫尔巴特

人的天性虽然是隐而不露的，却很难被压抑，更很少能完全根绝。即使勉强施以压抑，只会使它在压力消除后更加猛烈。只有长期养成的习惯才能多少改变人的天生气质和性格。

——〔英〕培根

懦者能奋，与勇者同力也；愚者能虑，与智者同识也；拙者能勉，与巧者同功也。

——〔唐〕崔敦礼

非学无以广才，非志无以成学。

——〔三国·蜀〕诸葛亮

才智

才智如果浸透毒汁,就会失去其魅力。

——〔英〕谢灵顿

知道事物应该是什么样,说明你是聪明的人;知道事物实际上是什么样,说明你是有经验的人;知道怎样使事物变得更好,说明你是有才能的人。

——〔法〕狄德罗

炫耀于外表的才干徒然令人赞羡,而深藏未露的才干则能带来幸运。这需要一种难以言传的自制力。

——〔英〕培根

才能来自独创性。独创性是思维、观察、理解和判断的一种独特的方式。

——〔法〕莫泊桑

各人有各人的才能,可是有些人眼红别人的名望,总想在他所做不了的工作上一显身手。依我说呢,为人要明白事理:如果你盼望有所成功,就得根据自己的才能,可不要好高骛远。

——〔俄〕克雷洛夫

最漂亮的聘礼就是才干。

——〔法〕巴尔扎克

极度的腼腆,如果与才智结合在一起,会使人用热情所产生的全部洞察力去思考事态最细小的情况，而且使才智更为增色。

——〔法〕司汤达

才智，就像赴汤蹈火的勇气一样，这是唯一不可能被虚伪完全取代的一种东西。

——〔法〕司汤达

才气就是长期的坚持不懈。

——〔法〕布封

才智比美貌更不可缺。我认为有才的年轻女子没有一个丑的，无才的窈窕女子没有一个是美的。

——〔英〕威彻利

随机应变是才智的试金石。

——〔法〕莫里哀

没有人会因学问而成为智者。学问或许能由勤奋得来，而机智与智慧却有赖于天赋。

——〔英〕约翰·塞尔登

才能一旦让懒惰支配，它就一无可为。

——〔俄〕克雷洛夫

一个人应该善于使用自己的才能，使它不至于涸竭，并且还要和谐地发展。

——〔苏联〕高尔基

个人只有在社会上占有为此所需的地位时，才能够表现出自己的才能。

——〔俄〕普列汉诺夫

天生的才能几乎可以抵偿每一次教养的缺乏，但教养却不能补偿能力的贫乏。

——〔德〕叔本华

一个本领超群的人，必须在一群劲敌之前，方才能够显出他的不同凡俗的身手。

——〔英〕莎士比亚

才能就是对自己的信赖，即对自己能耐的信赖。

——〔苏联〕高尔基

一个人不可能精通所有的事，每个人都有他的特长。

——〔古希腊〕欧里庇得斯

每个人都是靠自己的本事而受人尊重的。

——〔古希腊〕伊索

才能本身并无光泽，只有在运用中才发出光彩。

——〔俄〕谢德林

天然的才能好像天然的植物，需要学问来修剪。

——〔英〕培根

我决不相信，任何先天的或后天的才能，可以无需坚定的长期苦干的品质而得到成功。

——〔英〕狄更斯

评价一个人不应当根据他的才能，而应当根据他怎样发挥才能。

——〔法〕拉罗什富科

能够隐藏自己的才能是一种很大的才能。

——〔法〕拉罗什富科

一切才能都要靠知识来营养，这样才会有施展才能的力量。

——〔德〕歌德

所有隐而不露的才能，在一般情况下不易显露出来，仅在千钧一发之际，始能被人发现。

——〔奥地利〕茨威格

青年期是增长才智的时期,老年期则是运用才智的时期。

——〔法〕卢梭

才智之士一刻也不放松对世界的了解,并竭尽全力给自己开辟出一条通向大千世界的航道。另一些人则只知虚度时光,还有一些人甚至怀疑自己的存在。

——〔德〕歌德

伟大的才华是表白善意的最好手段。

——〔德〕歌德

才智是人的精神武器。

——〔俄〕别林斯基

才能就像肌肉一样,是通过锻炼成长起来的。

——〔俄〕奥布鲁切夫

天才是由于对事业的热爱而发展起来的,甚至可以说,天才实质上无非就是对事业的热爱、对工作的热爱。

——〔苏联〕高尔基

应当深化而不是扩大自己的才智,就像取火镜的焦点一样,要把全部光和热都集中在一点上。

——〔法〕爱尔维修

用才

以七分心血去发掘优点，用三分心思去挑剔缺点，就可以达到善用人才的目的。

——〔日〕松下幸之助

我看到好多人也是用这种眼光来衡量人才的：他们不敢使用一个真正有价值的人，光搜罗了一帮无用的糊涂虫。

——〔俄〕克雷洛夫

须量才任事，如勇敢的人可派他去争辩；巧言的人可派他去劝诱；机警的人可派他去探询观察；冒失荒唐的人可派他办些不免稍亏于理的事务。

——〔英〕培根

在那些有强烈异端思想的经理人当中，有可能找到最杰出的领导者。

——〔美〕大卫·奥格威

我的全部工作便是选择适当的人。

——〔美〕杰克·韦尔奇

挑选领导人，要挑选那个能够把事情做好的人。

——〔美〕巴顿

如果我们每个人都雇用比我们自己都更强的人，我们就能成为巨人公司。

——〔美〕大卫·奥格威

一个人的能力如何，事前的广泛观察研究大约可以看出60%，余下的40%在其走上岗位后才可看出来。

——〔日〕松下幸之助

当你授权的时候，要把整个的事情托给对方，同时交付足够的权力让他做必要的决定。

——〔美〕艾德·布利斯

用人上一加一不一定等于二，搞不好等于零。

——〔法〕皮尔·卡丹

你有义务去信任另一个人，除非你能证实那个人不值得你信任；你也有权接受另一个人的信任，除非你已被证实不值得那个人信任。

——〔美〕戴维·威斯格特

用人就是用苦恼。

——〔日〕松下幸之助

只有有天才的人才能发现天才的幼芽，发展这些幼芽，并善意地给予他们以必要的援助。

——〔法〕圣西门

从一个人的办事能力，一天便可看出学问高低。但是他心中的善恶，决不可妄加揣测，因为这要经过长久的岁月，才能见出他内心的卑劣。

——〔古波斯〕萨迪

你既要凭他的仇人，又要凭他的朋友去判断一个人。

——〔英〕康拉德

世界上几乎所有的人都不是全才。因此，一个有眼光的人不一定是一个实干的人；而一个实干的人不一定是一个有眼光的人。

——〔奥地利〕茨威格

个人的能力是缺乏可持续性的。如果所有的想法都来自CEO，CEO告诉每一个人如何做每一件事的话，这样的公司是不可能长久成功的。

——〔美〕杰克·韦尔奇

很久以前我就学会了如何放手管理。你不能让自我成为障碍，成为一个高增长公司的唯一办法就是聘用在各自专业领域里比你更好、更聪明的人，使他们熟悉自己要做的事情，要随时接近他们，以便让他们不断听到你为他们设定的方向，然后，你就可以走开了。

——〔美〕约翰·钱伯斯

管理者的绩效应由下列各方面评估：他如何掌握部属，如何激励部属发挥余力，如何组织每个人的工作并圆满地完成任务。这几点就是管理的精义。

——〔日〕盛田昭夫

好的企业一定有好的管理规范，但最能使员工感受到它巨大的、校正自己不合规范的约束力的，不是一本本的规范，而是各级管理者的以身作则。

——〔日〕松下幸之助

员工是我取得成功的基石，对于员工的管理，我在思想上保持着尊重的态度。

——〔美〕山姆·沃尔顿

指挥大企业的是人,要发挥人的活力。企业要蒸蒸日上,发展人的活力是唯一的办法。

——〔日〕土光敏夫

我不希望我们的管理阶层认为自己是上帝派遣来的选民,领导着一群无知的下属去成就了不起的功业。

——〔日〕盛田昭夫

我认为让下属参与对他们有直接影响的决策是很重要的,所以我总是甘冒损失时间的风险。如果你希望下属全力支持你,你就必须让他们参与,越早越好。

——〔美〕玫琳·凯

总经理也好,部长乃至课长、班长也好,最重要的任务是造就下属充分发挥智能的环境。

——〔日〕土光敏夫

对于员工的管理,我还有一个制度,那就是门户开放。所谓门户开放就是说,员工可以在任何场合发表自己的看法和主张,不受任何限制。

——〔美〕山姆·沃尔顿

用人固然有许多技巧,而我觉得最重要的,就是信任和大胆地委托工作。通常一个受上司信任,能放手做事的人,都会有较高的责任感。

——〔日〕松下幸之助

身为经营者,如果总觉得员工这也不行,那也不行,用鸡蛋里挑骨头的心态观察下属,不但下属不好做事,久而久之,经营者自己也会发现周围没有一个可用的人了。

——〔日〕松下幸之助

提升某人的时候,就是增加其责任的时候。

——〔美〕李·艾柯卡

我对下属既无排斥，也不礼遇，而是尽力做到不违背公平的原则。这就是我坚持的用人原则，此外没有别的秘诀。

——〔韩〕李秉喆

虽然我不是吊灯中最耀眼的一个，但多年以来我始终相信自己能使所有的灯泡放射出最大的光亮。

——〔美〕杰克·韦尔奇

掐着他们的脖子，你是无法将自信注入他们心中的。你必须要松开他们，给他们赢得胜利的机会，让他们从自己所扮演的角色中获得自信。

——〔美〕杰克·韦尔奇

最容易使人上当受骗的是言听计从、唯唯诺诺的人。我宁愿用那种脾气不好，但敢于讲真话的人。作为领导者，你身边这样的人越多，办成的事也越多。

——〔美〕小托马斯·沃森

我渴望那些能够解决问题和帮助同事解决问题的人；我会开除那些政客式的人。

——〔美〕路易斯·郭士纳

我选择和重用的都是干活特别卖力的人，他们总是全力以赴，想办法超额完成预期的任务。他们善于接触同事，善于协作。

——〔美〕李·艾柯卡

我认为，如果你雇人为你做一件事，你就应当放手让他去做。假如你怀疑他的能力，你就根本不应该雇佣他。

——〔美〕雷蒙·克罗克

如果你以为下属会按着你手中权杖的指点而行动的话，那你就错了，你还必须加上激励才会有效。

——〔美〕迈克尔·戴尔

我认为，赞扬是激励下属的最佳方式，也是上下沟通手段中效果最好的，因为每个人都需要赞扬。只要你认真寻找，就会发现许多运用赞扬的机会就在你的面前。

——〔美〕玫琳·凯

激励你的同仁，光是物质刺激是不够的，必须每天不断想出新点子，激励并挑战你的同伴。设立远大的目标，鼓励竞争，记录成果。奖品要丰富，如果招式已老，要推陈出新。让经理调换职位，保持挑战性。让每个人猜测你下一招是什么，别让他们轻易猜到。

——〔美〕山姆·沃尔顿

一个能激起热情的非凡主张比一个不能激起热情的非凡高见好得多。因此，经理必须能激起部下的热情。要实现这一目标，经理本人首先要有热情。

——〔美〕玫琳·凯

我总想让每个人都清楚地认识到自己目前所处的位置。每年，我都写张纸条，跟年度奖金一起附在我的陈述报告中。我会写两三页纸，概括我对来年的期望和去年的评价，年年如此。

——〔美〕杰克·韦尔奇

对待员工要像对待花园中的花草树木，需要用精神上的鼓励、职务晋升和优厚的待遇浇灌他们，适时移植以保证最佳的搭配，必要时还要细心除去园内的杂草以利于他们的成长。

——〔美〕山姆·沃尔顿

领导者必须想尽办法，挖掘出员工的最大潜能。要相信，员工的潜质绝对超乎你的想象，只要你肯去挖掘，你就会得到一笔惊人的财富。在追求卓越的过程中，挖掘员工潜能，永远是所有工作的重中之重。记住，鼓励你的员工永远追求卓越的目标。

——〔美〕杰克·韦尔奇

伟人

英雄——就是这样一个人，他在决定性关头做了为人类社会的利益所需要的事。

——〔捷克〕伏契克

英雄的心灵是平稳的，没有任何骚扰能够动摇他的意志，他总是十分快乐，就像他在使人惊恐的警报中，在整个世界都寻欢作乐的环境中，愉快地演奏自己的乐曲。

——〔美〕爱默生

所谓英雄就是做到了力所能及的事。而凡人不做事，只把希望寄托在梦幻之中。

——〔法〕罗曼·罗兰

英雄并不比一般人更勇敢，差别仅在于，他的勇气多维持了五分钟而已。

——〔美〕爱默生

所有正直、亲切、友等等特质，只有坚守这些普通道德的人，才算是真正伟大的人。

——〔法〕法朗士

伟大的人是绝不会滥用他们的优点的，他们看出他们超过别人的地方，并且意识到这一点，然而绝不会因此就不谦虚。他们的过人之处愈多，他们愈认识到自己的不足。

——〔法〕卢梭

每一个时代都需要有自己的伟大人物，如果没有这样的人物，它就要创造出这样的人物来。

——〔法〕爱尔维修

一个伟人必须具有某种能适应时代需要的特质。

——〔美〕罗威尔

伟人有三种：生下来就是伟人，努力而成为伟人，被强迫成为伟人。

——〔英〕莎士比亚

道德面貌渺小的地方，不会有伟大的人物出现。

——〔法〕罗曼·罗兰

伟人是必然的，他们出现于其中的时代是偶然的；他们几乎总是成为他们时代的大师，这不仅是因为他们是强者，还因为他们是老者，在他们产生之前，力量已经积蓄了很久了。

——〔德〕尼采

真正伟大的人是不压制人也不受人压制的人。

——〔黎巴嫩〕纪伯伦

要生活得快乐，必须具有能忍受烦闷的能力。大多数伟人的一生中，除了极少的辉煌时刻外，多是平淡无奇的。不能忍受烦闷的一代，会成为无所作为的一代。

——〔英〕罗素

伟人在逆境中得到欢乐，如同英勇的士兵从战斗胜利中获得喜悦一样。

——〔古罗马〕塞涅卡

他们之所以为伟大的人物，正因为他们主持和完成了某种伟大的东西，不仅仅是一个单纯的幻想、一种单纯的意向，而是对症下药地适应了时代需要的东西。

——〔德〕黑格尔

所谓大师，就是这样的人，他们用自己的眼睛去看别人见过的东西，在别人司空见惯的东西上能够发现出美来。

——〔法〕罗丹

圣人更容易出自放荡不羁者，而不是自命不凡者。

——〔美〕桑塔亚那

我们应当把世界历史人物——一个时代的英雄——认作是这个时代眼光犀利的人物，他们的行动、他们的言词都是这个时代最卓越的行动、言词。

——〔德〕黑格尔

伟人是一个天生的孩子，当他死时，他把他的伟大的孩提时代给了世界。

——〔印度〕泰戈尔

以思想和力量来胜过别人的人，我并不称他们为英雄，只有以心灵使自己更伟大的人们，我才称之为英雄。

——〔法〕罗曼·罗兰

历史早已证明，伟大的革命斗争会造就伟大的人物，使过去不可发挥的天才发挥出来。

——〔苏联〕列宁

他们固然由于毅力而成为伟大，也是由于灾患而成为伟大。

——〔法〕罗曼·罗兰

伟大的人必定是一个怀疑者，不被任何一种信念所束缚的自由，存在于他的坚强的意志之中。

——〔德〕尼采

品格高于才智……伟人不仅善于思考，而且还善于处世。

——〔美〕爱默生

为了让伟人们发掘伟大的思想，进行他们的壮举，我们必须把他们擎到整个人类的肩膀上。

——〔美〕霍桑

思想方面的伟大人物，任务在于替人们筹划种种精神准备，以便发动革命性的社会变革。

——〔美〕悉尼·胡克

伟人就是历史规律的一个符号、一个指数、一个表现、一个工具或者一个后果。

——〔美〕悉尼·胡克

具有非凡灵感的人才能成为伟人。

——〔古罗马〕西塞罗

一个伟大的人物在正确对待小人物中才显出其伟大来。

——〔英〕卡莱尔

没有哪个伟人是虚度一生的。

——〔英〕卡莱尔

伟人经常不为人所理解,甚至为人所曲解。

——〔英〕卡莱尔

只有做出伟大事业的,或是教人怎样做出伟大事业的,或是用适当的庄严风格来描述这些大事业的人们才配得上"伟大人物"这个称呼。

——〔英〕弥尔顿

伟人是国家的路标,是界碑。

——〔英〕伯克

伟人或智者很少怀疑自己会受人鄙视或欺骗。

——〔英〕塞缪尔·约翰逊

所谓英雄不是指那些为个别生活目的,为取得成就而进行斗争的人,而是指那些为整体,为生活本身进行斗争的人。

——〔奥地利〕茨威格

越是接近伟人,就越觉得他们也是人。

——〔法〕拉布吕耶尔

平静的湖面,练不出精悍的水手;安逸的环境,选不出时代的伟人。

——〔苏联〕列别捷夫

伟人们并不是一跃而登上高峰的,而是在别人安睡的时候,在夜里艰辛地向上攀援。

——〔美〕朗费罗

伟人是通过最少的错误得益最多的人。

——〔美〕豪斯

正像艺术是受苦的试金石一样，对一位伟大人物来说，切身的痛苦会变成认识，而认识会变成感情充沛的力量。但是建立宏伟业绩的，不是痛苦本身，而是对痛苦取得朝气蓬勃的伟大胜利。

——〔奥地利〕茨威格

凡是有英雄思想的人，其行动必然和理智背道而驰。

——〔奥地利〕茨威格

第四辑

治学有方

读书

教育！科学！学会读书，便是点燃火炬；每个字的每个音节都发射火星。

——〔法〕雨果

读书，这个我们习以为常的平凡过程，实际是人的心灵和上下古今一切民族的伟大智慧相结合的过程。

——〔苏联〕高尔基

读书对于我来说是驱散生活中的不愉快的最好手段。没有一种苦恼是读书所不能驱散的。

——〔法〕孟德斯鸠

读书是最好的学习。追随伟大人物的思想，是最富有趣味的一门科学。

——〔俄〕普希金

学习有如母亲一般慈爱，它用纯洁和温柔的欢乐来哺育孩子。

——〔法〕巴尔扎克

人不光是靠他生来就拥有的一切，而是靠他从学习中所得到的一切来造就自己。

——〔德〕歌德

读书给人以乐趣，给人以光彩，给人以才干。

——〔英〕培根

学习是快乐的来源，即使你不在意自己将来有没有成就，单以目前的生活来说，学习也一定使你觉得满足。

——〔法〕罗曼·罗兰

要热爱读书。它会使你生活轻松；它会友爱地帮助你了解纷繁复杂的思想、情感和事件；它会教导你尊重别人和你自己；它以热爱世界、热爱人类的情感来鼓舞智慧和心灵。

——〔苏联〕高尔基

一本好书就像是一个最好的朋友。它始终不渝，过去如此，现在仍然如此，将来也永远不变。

——〔英〕斯迈尔斯

人们独居或隐退的时候，最能体会到读书的乐趣；谈话的时候，最能表现出读书的文雅；判断和处理事务的时候，最能发挥由读书而获得的能力。

——〔英〕培根

书潜移默化人们的内心，诗歌熏陶人们的气质品性。少小所习，老大不忘，恍如身历其事。书籍价廉物美，不啻我们呼吸的空气。

——〔英〕哈兹里特

人生最美好的主旨和人类生活最幸福的结果，莫过于学习了。

——〔法〕巴尔扎克

读书使我在普遍的野蛮中恢复文明的感觉。

——〔法〕司汤达

如果不想在世界上虚度一生，那就要学习一辈子。

——〔苏联〕高尔基

喜欢读书，就等于把生活中寂寞的辰光换成巨大享受的时刻。

——〔法〕孟德斯鸠

学习就是这个意思：突然间你领悟了某件你向来了解的事情，以一种全新的眼光。

——〔德〕莱辛

用功学习不仅有益于我的心灵，而且有益于我的身体。因为这样专心读书本身对我就是一件乐事，我不再考虑我的那些疾病，痛苦也因此减轻了。

——〔法〕卢梭

要从读一本书得到好处，必须具有书中所涉及的一切知识。

——〔法〕卢梭

我每读一个作者的著作时，就拿定主意，完全接受并遵从作者本人的思想，既不掺入我自己的或他人的见解，也不和作者争论。……先在我的头脑里储存一些思想，不管是正确的还是错误的，只要论点明确，等我的头脑里装得相当满以后，再加以比较和选择。

——〔法〕卢梭

读书使人充实，思考使人深邃，交谈使人清醒。

——〔美〕富兰克林

当我们读书太快或太慢时，我们什么也不能理解。

——〔法〕帕斯卡

彻底消化几本书，强如把几百本书放在嘴里不咽下去。

——〔美〕奥斯本

阅读意味着借债，在阅读中有所创见就是偿还了欠债。

——〔德〕利希滕贝格

一个人只应该读自己想读的书，如果把读书当作一个任务那就收效甚微。

——〔英〕塞缪尔·约翰逊

浓厚的智力、兴趣、气氛促使他们去阅读，而阅读是使他们学习得好的最重要的补救手段。

——〔苏联〕苏霍姆林斯基

蹩脚的旅行者只知道"到此一游"，蹩脚的读者只知道书的结局。

——〔阿根廷〕科尔顿

看书和学习是思想的经常营养，是思想的无穷发展。

——〔俄〕冈察洛夫

我们常从读书中得到很多好处，但也只有在成年后自觉地不按照作者有意安排的那种方式去读时，才能得益匪浅。

——〔英〕威斯坦·休·奥登

读书时不可存心诘难作者，不可尽信书上所言……而应推敲细思。

——〔英〕培根

一小时的阅读，不会因毫无所获而令你伤心。

——〔法〕孟德斯鸠

读了好书之后，应当从中得到希望、勇气和喜悦，开阔视野。

——〔日〕池田大作

有阅读能力而不愿读好书的人和文盲没有两样。

——〔美〕马克·吐温

读书的艺术，在很大程度上，就是在书中重新发现生活，更准确地理解生活的艺术。

——〔法〕莫鲁瓦

所谓经典作品，是那些每一个人都希望已经读过、但无一人想读的作品。

——〔美〕马克·吐温

应当首先竭力阅读和了解各个时代和各个民族的最优秀作家的书。

——〔俄〕列夫·托尔斯泰

不读书就没有真正的教养,同时也不可能有什么鉴别力。

——〔俄〕赫尔岑

生活在我们这个世界里,不读书就完全不可能了解人。

——〔苏联〕高尔基

光阴给我们经验,读书给我们知识。

——〔苏联〕奥斯特洛夫斯基

每一本书都是一个用黑字印在白纸上的灵魂,只要我的眼睛、我的理智接触

了它,它就活起来了。

——〔苏联〕高尔基

各种蠢事,在每天阅读好书的影响下,都仿佛烤在火上一样渐渐熔化。

——〔法〕雨果

我读书越多,书籍就使我和世界越接近,生活对于我也变得越加光明和有意义。

——〔苏联〕高尔基

在所阅读的书本中找出可以把自己引到深处的东西,把其他一切统统抛掉,就是抛掉使头脑负担过重和会把自己诱离要点的一切。

——〔美〕爱因斯坦

在经验的指导下读书,价值要大得多,因为经验是他们的老师的导师。

——〔意大利〕达·芬奇

人们对博览群书的人推崇备至,这一点足以被视为对文学的赞扬。

——〔美〕爱默生

读书不能囫囵吞枣,而要从中吸取自己需要的东西。

——〔挪威〕易卜生

每天读上五小时的书,人很快就会变得渊博起来。

——〔英〕塞缪尔·约翰逊

读书是一种探险,如探新大陆,如征新土壤。

——〔美〕约翰·杜威

读书是灵魂的壮游,随时可发现名山巨川、古迹名胜、深林幽谷、奇花异卉。

——〔法〕法朗士

光读书不思考也许能使平庸之辈知识丰富,但它决不能使他们头脑清醒。

——〔美〕约·诺里斯

两个人如果读过同一本书,他们之间就有一条纽带。

——〔美〕爱默生

我扑在书籍上,像饥饿的人扑在面包上一样。

——〔苏联〕高尔基

别忘记,读书是取得多方面知识的最重要的手段。

——〔俄〕赫尔岑

不读书的家庭,就是精神上残缺的家庭。

——〔苏联〕巴甫连科

买书没有读书难,读书没有消化难。

——〔加拿大〕威廉·奥斯勒

正确的略读可使人用很少的时间接触大量的文献,并挑选出有特别意义的部分。

——〔英〕贝弗里奇

能够摄取必要营养的人要比吃得很多的人更健康,同样的,真正的学者往往不是读了很多书的人,而是读了有用的书的人。

——〔古希腊〕亚里斯提卜

读书使人心明眼亮。

——〔法〕伏尔泰

读书愈多,精神就愈健壮而勇敢。

——〔苏联〕高尔基

谁都不会死读一本书。每个人都从书中研究自己,不是发展自己就是控制自己。

——〔法〕罗曼·罗兰

课外阅读，用形象的话来说，既是思考的大船借以航行的帆，也是鼓帆前进的风。没有阅读，就既没有帆，也没有风。

——〔苏联〕苏霍姆林斯基

学问是光明，蒙昧是黑暗。念书吧！

——〔俄〕契诃夫

不读书的人，不光会变得浅薄，也将被社会的前进步伐所抛弃。

——〔日〕池田大作

一个人想聪明，得多念书，正派的书固然好，坏的魔道书也好，念得越多越好，要把所有的书都念过，才能找到好书……

——〔苏联〕高尔基

读书不光能补充知识，还可以通过书籍，使作者与读者在对话中产生生命的共鸣，共同塑造人生。

——〔日〕池田大作

读史使人明智，诗歌使人巧慧，数学使人精细，科学使人深沉，伦理之学使人庄重，逻辑与修辞使人善辩。

——〔英〕培根

读书——对于一个有文化教养的人，是种高尚的享受。书籍应该使我们这些劳碌终生的人感到慰藉。

——〔苏联〕高尔基

读书有时会使人突然明白生活的意义，使他找到自己在生活中的位置。

——〔苏联〕高尔基

在读某些书时，我们的脑海主要为作者的思想所占据；而在读另一些书时，我们却沉浸在自己的思想里。

——〔苏联〕爱伦堡

读了一本书，就像对生活打开了一扇窗户。

——〔苏联〕高尔基

阅读是一项高尚的心智锻炼。

——〔美〕亨利·大卫·梭罗

经验丰富的人读书用两只眼睛，一只眼睛看到纸面上的话，另一只眼睛看到纸的背面。

——〔德〕歌德

从来没有人为了读书而读书，只有人在书中读自己，在书中发现自己或检查自己。

——〔法〕罗曼·罗兰

读书足以怡情，足以傅彩，足以长才。

——〔英〕培根

我从不知道有什么苦恼是不能为一小时的读书所排遣的。

——〔法〕孟德斯鸠

读书使人充实，讨论使人机智，笔记使人准确。

——〔英〕培根

把一页书好好地消化，胜过匆忙地阅读一本书。

——〔美〕考尔德

每一本书都是一级小阶梯，我每爬上一级，就更脱离畜生而上升到人类，更接近美好生活的观念，更热爱这本书。

——〔苏联〕高尔基

任何时候我也不会满足。越是多读书，就越是深刻地感到不满足，越是感到自己知识的贫乏。

——〔德〕马克思

读书对于智慧，也像体操对于身体一样。

——〔美〕爱迪生

思考

　　思维的运用、观念的探索、对科学宁静的沉思，会带来不可名状的愉快，其中的乐趣是无法描绘的，就像一切智慧的活动，它的各种现象都是我们的外部官能所不能窥见的。

——〔法〕巴尔扎克

　　阅读不过是给大脑提供知识材料，只有经过思考，这些知识才有可能变为自己的思想。

——〔英〕约翰·洛克

　　缺少知识就无法思考，缺少思考就不会有知识。

——〔德〕歌德

　　假如我们能够每天坐下来一小段时间，只有一个人安静地坐着，并且选择一个尽可能安静的地方，完全不受干扰，静静地坐着或躺着，同时保持心灵空白或是冷静地回想生活中所作所为的状态，一段时间之后我们就会发现从这些时刻里得到很大的助益，也就是那些我们所获得的灵光与指引。我们会发现生活中那些难题的答案都明白无误地显现出来，并且使我们能够信心十足地选择正确的人生方向。

——〔英〕爱德华·巴哈

　　不下决心培养思考习惯的人，便失去了生活中最大的乐趣。

——〔美〕爱迪生

一个能思考的人，才真是一个力量无穷的人。

——〔法〕巴尔扎克

智力上的跃进，唯有创造力极强的人生气勃勃地独立思考，并在有关事实的正确知识指导下走上正轨，才能实现。

——〔德〕普朗克

读书而不思考，等于吃饭而不消化。

——〔德〕波尔克

懒于思考，不愿意钻研和深入理解，自满或满足于微不足道的知识，都是智力贫乏的原因，这种贫乏用一个词来称呼，就是"愚昧"。

——〔苏联〕高尔基

聪明睿智的特点就在于，只需看到和听到一点，就能长久地考虑、更多地理解。

——〔意大利〕布鲁诺

思考是人类最大的快乐。

——〔意大利〕布莱希特

要是没有能独立思考和独立判断的有创造能力的个人，社会的向上发展就不可想象。

——〔美〕爱因斯坦

不用脑子去思索的人，到头来他除了感觉之外，将一无所有。

——〔德〕歌德

一个人年轻的时候不学会思索，他将一无所获。

——〔美〕爱迪生

一个善于思考的人的最高成就是：把可知的事物寻个水落石出，对不可知的事物敬而远之。

——〔德〕歌德

人是为思索而降生，所以人一刻也不能不思索。

——〔法〕帕斯卡

人，总有根据前人思索过的记忆来使用眼睛的习惯，因而一切东西都一定还有未被探索到的地方。

——〔法〕福楼拜

不会思想的人是白痴，不肯思想的人是懒汉，不敢思想的人是奴才。

——〔德〕尼采

要学会思考，不要一碰到困难就向别人伸手。

——〔美〕爱因斯坦

思考可以构成一座桥，让我们通向新知识。

——〔德〕普朗克

书读得越多而不加思索，你就会觉得你知道得很多；而当你读书而思考得越多的时候，你会越清楚地看到，你知道得还很少。

——〔法〕伏尔泰

我并没有什么方法，只是对于一件事情作长时间的热情的思索罢了。

——〔英〕牛顿

应当始终将发展独立思考和独立判断的一般能力放在首位。

——〔美〕爱因斯坦

当一个人在深思的时候，他并不是在闲着。有看得见的劳动，也有看不见的劳动。

——〔法〕雨果

思考时，必须要对思考的对象发生"兴趣"，不断刺激它，并且要持之久远不懈怠。

——〔德〕叔本华

我的成就，应当归功于有力的思索。

——〔英〕牛顿

冷静思考的能力，是一切智慧的开端，是一切善良的源泉。

——〔奥地利〕弗洛伊德

思索吧，思索能引人入胜。

——〔俄〕车尔尼雪夫斯基

应该坚信，思想和内容不是通过没头没脑的感伤，而是通过思考而得到的。

——〔俄〕车尔尼雪夫斯基

我平生从来没有做出过一次偶然的发明。我的一切发明都是深思熟虑和严格试验的结果。

——〔美〕爱迪生

读书只能供给知识的材料，如要融会贯通，应靠思索之力。

——〔英〕约翰·洛克

伟人只在事业上惊天动地，他时常不声不响地深思熟虑。

——〔俄〕克雷洛夫

地球上最美的花朵是思维着的精神。

——〔德〕恩格斯

这完全不是冥冥中有什么天才对我的突然启示，而是我的思考对我的启示。

——〔法〕拿破仑

读书而不加以思考，决不会有心得，即使稍有印象，也浅薄不生根，不久就又会丧失。

——〔德〕叔本华

读书是易事，思索是难事，但两者缺一，便全无用处。

——〔美〕富兰克林

我们说人人都有认识真理的能力，但有能力并不等于有真理。只有那些善于思考的人，才能运用认识能力去发现真理。

——〔古希腊〕德谟克利特

人们解决世上所有的问题，是用大脑、能力和智慧，而不是照搬书本。

——〔美〕爱因斯坦

人是一部机器，消耗的是食物，创造的是思想。

——〔美〕英格索尔

我们这个时代，是一个以能用机器来思考而深以为傲的时代，但也是一个怀疑人类能否思考的时代。

——〔美〕芒福德

真正思考的人，从自己的错误中吸取的知识要比从自己的成就中吸取的更多。

——〔美〕约翰·杜威

如果一个人掌握了他的学科的基础理论，并且学会了独立地思考和工作，他必定会找到自己的道路，而且比起要以获得细节知识为其学习内容的人来，他一定会更好地适应进步和变化。

——〔美〕爱因斯坦

人生最终的价值在于觉醒和思考的能力，而不只在于生存。

——〔古希腊〕亚里士多德

尽管我们与生俱来就具有思考的能力，但是，世俗的生活，包括那些表面上似乎有益的教育和学识，却破坏了我们这种天生的能力。一味地模仿和一味地盲从就像摧残鲜花的霜冻一样，扼杀了我们的创造性思维。

——〔英〕格雷厄姆·沃拉斯

人类的优点在于其自我思考的决心。

——〔美〕海曼·G.里科弗

思维就如生与死，我们每个人都必须自己去体验。

——〔美〕乔赛亚·罗伊斯

如果每个人的想法都如出一辙，那么就没有一个人真正在思考。

——〔美〕乔治·S.巴顿

书籍

富有真理的书是万能的钥匙,什么幸福的门用它都可以打开。

——〔苏联〕高尔基

书籍是人类进步的阶梯。

——〔苏联〕高尔基

理想的书籍,是智慧的钥匙。

——〔俄〕列夫·托尔斯泰

优秀的书籍是抚育杰出人才的珍贵乳汁,它作为人类财富保存下来,并为人类生活的进一步发展服务。

——〔英〕弥尔顿

有些书可供一尝,有些书可以吞下,有不多的几部书则应当咀嚼消化。

——〔英〕培根

书本应该依据科学,而不是让科学去依据书本。

——〔英〕培根

书籍是生活的加速器。

——〔苏联〕尼克拉耶娃

书是这一代对下一代精神上的遗训。

——〔俄〕赫尔岑

一位哲学家说过:"没有书籍的人家,如同没有主人。"精读一本书如同一本万利,使你立于不败之地。

——〔日〕池田大作

书籍是屹立在时间的汪洋大海中的灯塔。

——〔美〕惠普尔

没有书籍,就不能打赢思想之战,正如没有战舰就不能打赢海战一样。

——〔美〕罗斯福

书籍是全世界的营养品,生活里没有书籍,就好像大地没有阳光;智慧里没有书籍,就好像鸟儿没有翅膀。

——〔英〕莎士比亚

几乎在每一个人的命运中,书上的语言都产生过巨大的影响,谁要是没有被一本好书俘虏过,那将是最大的遗憾。

——〔俄〕邦达列夫

书本是他行为的唯一的主宰，是喜爱眷恋的对象。当他失意沮丧时，他仍然在书籍里找到幸福、狂喜和慰藉。

——〔法〕司汤达

一本好书，对于我就是一桩大事情。

——〔法〕司汤达

书籍是在时代的波涛中航行的思想之船，它小心翼翼地把珍贵的货物送给一代又一代。

——〔英〕培根

书，要算人类在走向未来幸福富强的道路上所创造的一切奇迹中最复杂最伟大的奇迹。

——〔苏联〕高尔基

书籍——当代真正的大学。

——〔英〕卡莱尔

书籍里珍藏着过去时代的灵魂。

——〔英〕卡莱尔

书籍使人变得思想奔放。

——〔苏联〕革拉特珂夫

书籍是任何一种知识的基础，是任何一门学科的基础的基础。

——〔奥地利〕茨威格

书籍具有不朽的能力。它是人类活动的最长久的果实。

——〔英〕斯迈尔斯

书籍是科学的成果，但科学不是书籍的成果。

——〔英〕培根

书籍是苦难者甜蜜的无可非议的伴侣，即使它不能把我们引向幸福，至少也可以教我们去忍耐艰苦的生活。

——〔英〕哥尔斯密

书籍是老年人的益友，也是青年人的良师。

——〔英〕斯迈尔斯

书籍是朋友，虽然没有热情，但是非常忠实。

——〔法〕雨果

书籍是青年人不可分离的生活伴侣、导师、忠告者和好友。

——〔苏联〕高尔基

书是我们时代的生命。

——〔俄〕别林斯基

书是随时在你近旁的顾问，随时都可以供给你所需的知识，而且可以按照你的心意，重复这个顾问的次数。

——〔瑞士〕凯勒

书籍把我们引入最美好的社会，使我们认识各个时代的伟大智者。

——〔英〕斯迈尔斯

读一本好书，如同与往昔时代最优秀的人们交谈。

——〔法〕笛卡儿

一本好书像一艘船，带领我们从狭隘的地方，驶向生活的无限广阔的海洋。

——〔美〕海伦·凯勒

人类的全部生活都依次在书本中留下印记：种族、人群、国家消逝了，书却依然存在。

——〔俄〕赫尔岑

书是一种奇迹，那里边藏着作者的灵魂，打开书把这个灵魂解放出来，它就会神秘地同我交谈。

——〔苏联〕高尔基

我们读书时，就如同与最高尚的先哲们携手共游，飞越无数迷人的仙境和神奇的园土。

——〔英〕约翰·卢伯克

热爱书籍吧，书籍能帮助你们生活，能像朋友一样帮助你们在那使人眼花缭乱的思想、感情和事件中理出一个头绪来。

——〔苏联〕高尔基

我认为我身上的一切好东西，都是书籍所给予我的。

——〔苏联〕高尔基

热爱书吧！这是知识的泉源！

——〔苏联〕高尔基

不好的书不仅无益，而且有害。

——〔俄〕列夫·托尔斯泰

我读书越多，书籍就使我和世界越接近，生活对我也变得越加光明和有意义。

——〔苏联〕高尔基

书是和人类一起成长起来的，一切震撼智慧的学说，一切打动心灵的热情都在书里结晶成形。

——〔俄〕赫尔岑

求知

只有知识才是力量,只有知识才能使我们诚实地爱人,尊重人的劳动,由衷地赞赏无间断的伟大劳动的美好成果,只有知识才能使我们成为具有坚强精神的、诚实的、有理性的人。

——〔苏联〕高尔基

知识不存在的地方,愚蠢就自命为科学。

——〔爱尔兰〕萧伯纳

心灵中的黑暗必须用知识来驱除。

——〔古罗马〕卢克莱修

为了求得知识,就必须不断地自修。

——〔苏联〕加里宁

对一件东西的爱好是由知识产生的,知识愈准确,爱好也就愈强烈。要达到这准确,就须对爱好的事物全体所组成的每一个部分都有透彻的了解。

——〔意大利〕达·芬奇

重要的不是知识的数量,而是知识的质量。有些人知道得很多,但却不知道最有用的东西。

——〔俄〕列夫·托尔斯泰

吸收别人的知识,我们的学问可以变得更渊博,但是别人的智慧却无法帮助我们变得更聪明。

——〔法〕蒙田

构成我们学习最大障碍的是已知的东西，而不是未知的东西。

——〔法〕贝尔纳

愚昧从来没有给人带来幸福；幸福的根源在于知识。

——〔法〕左拉

倾囊求知，无人能夺。投资知识，得益最多。

——〔美〕富兰克林

事实上，知识就像苍穹中的太阳；随着它的光线抛洒生命和力量。

——〔美〕丹尼尔·韦伯斯特

对知识的渴求是人类的自然意向，任何头脑健全的人都会为获取知识而不惜一切。

——〔英〕塞缪尔·约翰逊

为了能在知识王国内实现一切目标，人们不得不作出超越现实能力的允诺。

——〔德〕尼采

知识是可以求得的东西，今天没有知识，明天就会有知识了。

——〔苏联〕加里宁

应当使每个人的见识和知识，比他的父亲和祖父的见识和知识更多。

——〔俄〕契诃夫

获得知识就如同获得金子这种珍贵物质一样，也是需要聪明才智的。

——〔英〕罗斯金

行动是通往知识的唯一道路。

——〔爱尔兰〕萧伯纳

毕生保持求知欲，就一定能在自己的重大使命上成就一件事。

——〔日〕池田大作

在争取幸福的问题上，求知欲比追求财富的欲望是更加可取的。

——〔英〕休谟

无所学，则无所知。

——〔英〕迈克尔·J.豪厄尔

求知的目的不是为了吹嘘炫耀，而应该是为了寻找真理、启迪智慧。

——〔英〕培根

必须有所知，否则不如死。

——〔法〕罗曼·罗兰

不要等待运气降临，应该去努力掌握知识。

——〔英〕弗莱明

生活的全部意义在于无穷地探索尚未知道的东西，在于不断地增加更多的知识。

——〔法〕左拉

人不能像走兽那样活着，应该追求知识和美德。

——〔意大利〕但丁

疑而能问，已得知识之半。

——〔英〕培根

在这科学日益发展的时代里，如果我们及我们的子孙不加速求知，怎能赶上时代的剧变呢？

——〔德〕库尔特·阿尔德

精神上的各种缺陷，都可以通过求知来改善——正如身体上的缺陷，可以通过适当的运动来改善一样。

——〔英〕培根

学到很多东西的诀窍,就是一下子不要学很多东西。

——〔英〕约翰·洛克

趁年轻少壮去探求知识吧,它将弥补由于年老而带来的亏损。

——〔意大利〕达·芬奇

好学的人必成大器。

——〔美〕林肯

一个热衷于追求知识的人和一个已厌倦一切、而想找一本书来消遣的人,两者之间存在极大的差异。

——〔英〕切斯特顿

如果没有系统的知识的帮助,先天的才能是无力的。直观能解决很多事,但不是一切。

——〔英〕斯宾塞

宁要知道得少些,但要知道得好些;与其知道得不好,不如完全不知道。

——〔法〕狄德罗

地不耕种,再肥沃也长不出果实;人不学习,再聪明也目不识丁。

——〔古罗马〕西塞罗

求知是一条只有起点而没有终点的路。

——〔法〕福柯

求知识越来越有兴趣;这只是一个习惯问题。就像婴儿吃娘的奶,开头也不怎样愿意,但不久就吃得非常愉快。

——〔德〕歌德

求知是人类的本性。

——〔古希腊〕亚里士多德

勇于求知的人决不至于空闲无事。

——〔法〕孟德斯鸠

莫在追忆的深井中打捞冰凉的遗憾,快去知识的海洋里挖掘人生的热源。

——〔英〕雪莱

无论掌握哪一种知识,对智力都是有用的,它会把无用的东西抛开而把好的东西留住。

——〔意大利〕达·芬奇

知识的积累是一步一步的,而不是一跳一跳的。

——〔英〕麦考莱

如果一个人对什么事物都一知半解,就等于完全无知。知道一点,既不会得到满足,也不会得到信任,而往往是给人带来羞辱和嘲弄。

——〔英〕切斯特菲尔德

方法

我们不应该像蚂蚁,单是收集;也不可像蜘蛛,只从自己肚中抽丝;而要像蜜蜂,既收集又整理,这样才能酿出香甜的蜂蜜来。

——〔英〕培根

我们要像海绵一样吸收有用的知识。

——〔苏联〕加里宁

学习知识要善于思考、思考、再思考。我就是靠这个学习方法成为科学家的。

——〔美〕爱因斯坦

人的本领不仅在于记得过去的事情,认识现在的事情,还在于触类旁通,鉴往知来。多少大智大慧的人都是以这种本领而闻名于世的。

——〔意大利〕薄伽丘

举一反三者,博学;举三得三者,多学。

——〔日〕伊藤仁斋

图书馆使我得以有恒地研习而增进我的知识,每天我停留在里面一两个钟头,用这个办法相当有效地补足了我失掉的高深教育。

——〔美〕富兰克林

在年轻的时候,杂七杂八的书看一些,头脑就比较灵活。一个科学家,假如只知道自己搞的那一门，对其他事情一概不知，你的思路怎么开阔呢？

——〔美〕李政道

不闻不若闻之，闻之不若见之，见之不若知之，知之不若行之。学至于行之而止矣。

——［战国］荀子

见博则不迷，听聪则不惑。

——［东汉］牟融

读书百遍，其义自见。

——［西晋］陈寿

积学以储宝，酌理以富才。

——［南朝·梁］刘勰

水非石之钻，绳非木之锯，然而断穴者，积渐之所成也。

——［北齐］刘昼

大木百寻，根积深也；沧海百仞，众流成也；渊智达洞，累学之功也。

——［唐］马总

相从勉讲学，事业在积累。

——［南宋］陆游

人多是耻于问人，假使今日问于人，明日胜于人，有何不可？

——［北宋］张载

循序而渐进，熟读而精思。

——［南宋］朱熹

读书譬如饮食，从容咀嚼，其味必长；大嚼大咀，终不知味也。

——［南宋］朱熹

读书之法无他，惟是笃志虚心，反复详玩，为有功耳。

——［南宋］朱熹

看文字，须大段精彩看。耸起精神，树起筋骨，不要困，如有刀剑在后一般。就一段中，须要透。击其首则尾应，击其尾则首应，方始是。不可按册子便在，掩了册子便忘却。

——［南宋］朱熹

余尝谓读书有"三到"，谓心到、眼到、口到。心不在此，则眼不看仔细，心眼既不专一，只漫浪诵读，决不能记，记不能久也。"三到"之中，心到最急。心既到矣，眼口岂不到乎？

——［南宋］朱熹

或作或辍，一曝十寒，则虽读书百年，吾未见其可也。

——［明］吴梦祥

学人不疑，是谓大病。惟其疑而屡破，故破疑即是悟。

——［明］李贽

读书以过目成诵为能，最是不济事。

——［清］郑板桥

人之为学有难易乎？学之，则难者亦易矣；不学，则易者亦难矣。

——［清］彭端淑

"会摹仿"绝不是劣点，我们正应该学习这"会摹仿"的。"会摹仿"又加以有创造，不是更好吗？

——鲁迅

只看一个人的著作，结果是不大好的，你就得不到多方面的优点。必须如蜜蜂一样，采过许多花，这才能酿出蜜来，倘若叮在一处，所得就非常有限、枯燥了。

——鲁迅

读书要从薄到厚,再从厚到薄。

——华罗庚

读书力求三性:韧性、记性、悟性。有韧性没有记性,读了白读;有记性没有悟性,书是死书。三性俱备,堪称知识富翁。

——魏明伦

智者问得巧,愚者问得笨。人力胜天工,只在每事问。

——陶行知

只有广泛地得到教益,自己才能兼容并蓄、融会贯通,然后才能独创一格。

——荀慧生

造就高深学问的方法,不但是每日在讲堂之内,要学先生所教的学问;还要举一隅而三隅反,自己去推广。

——孙中山

好问,是好的。……如果自己不想,只随口问,即使能得到正确答复,也未必受到大益。所以学问二字,"问"放在"学"的下面。

——谢觉哉

所谓"博学",就是把根基打广些……不但要有社会科学常识,也要有自然科学常识。

——朱光潜

教育

一个人的启蒙教育能够决定他未来的一生。

——〔古希腊〕柏拉图

习惯真是一种顽强而巨大的力量。它可以主宰人生。因此，人自幼就应该通过完美的教育，去建立一种好的习惯。

——〔英〕培根

即使是普通孩子，只要教育得法，也会成为不平凡的人。

——〔法〕爱尔维修

每个从芸芸众生中脱颖而出的人都接受过两种教育：第一种是得自他的老师；第二种，乃是更私人并且更重要的，得自他自己。

——〔英〕爱德华·吉本

教育是一种社会化的过程……教育是成长……教育不是生活的预备课程，教育本身就是生活。

——〔美〕约翰·杜威

天赋仅给予一些种子，而不是既成的知识和德性。这些种子需要发展，而发展是必须借助于教育和教养才能达到的。

——〔苏联〕凯洛夫

教育是随生命的开始而开始的。孩子在生下来的时候就已经是一个学生，不过他不是老师的学生，而是大自然的学生……

——〔法〕卢梭

在我看来，教给学生能借助已有的知识去获取知识，这是最高的教学技巧。

——〔苏联〕苏霍姆林斯基

比较聪明的教师，注意系统地引导学生利用过去的功课来帮助理解目前的功课，并利用目前的功课加深理解已经获得的知识。

——〔美〕约翰·杜威

一切功课都应该仔细分成阶段，务使先学的能为后学的扫清道路，给予解释。

——〔捷克〕夸美纽斯

我们力求使学生深信，经常的体育锻炼，不仅能发展身体的美和动作的和谐，而且能形成人的性格，锻炼意志力。

——〔苏联〕苏霍姆林斯基

教师本身要具备这种品质——能够领会和体验生活中和艺术中的美，才能在学生身上培养出这种品质。

——〔苏联〕赞可夫

对周围世界的美感，能陶冶学生的情操，使他们变得高尚文雅，富有同情心，憎恶丑行。

——〔苏联〕苏霍姆林斯基

谁爱孩子，孩子就爱谁。只有爱孩子的人，他才可以教育孩子。

——〔苏联〕高尔基

如果你不用真理去涤除谬误，他就会学到许多邪说。你担心的将产生的那些偏见，正是他周围的人灌输给他的；它们将通过他所有的感官进入心灵，败坏他尚未成熟的理性。

——〔法〕卢梭

当一个孩子发现强要可以达到目的的时候，他就会纠缠不休地索取；不过，如果你说不给他就硬是不给他，他就不会再向你要那个东西了。

——〔法〕卢梭

一个小小的女孩子是不能够像她们的祖母那样过日子的，她应当活泼地玩耍、唱歌和跳舞，一切适合于她那个年龄的天真无邪的游戏，都应该让她去做。

——〔法〕卢梭

我的目的在于培养社会状态的自然人。

——〔法〕卢梭

我们应当尽量用行动去教育儿童，只有身教所不能做到的才用言教。

——〔法〕卢梭

必须让孩子们有所专心。怠惰乃是孩子们最可怕的危险。

——〔法〕卢梭

一种良好教育的优异成绩就是造就一个有理性的人。

——〔法〕卢梭

说教之所以最没有用处，其原因之一就是它是普遍地向所有一切的人说的，既没有区别，也没有选择。

——〔法〕卢梭

一个人的好奇心同他所受的教育是成比例的。

——〔法〕卢梭

榜样比所有一切的书籍都更有用处。他们亲眼看到你的行为，将比我们所说的一切空话更能感动他们的心。

——〔法〕卢梭

如果教诲无权威的支持，训导无实例的依据，那么，一切教训决不会结出什么果实。美德本身在一个没有做出高尚行为的人的嘴里也会失去它的光彩。但是，如果让戴着荣冠的优秀战士教给人们勇敢，让德高望重的正直的行政官教给人们什么是公平正义，那么，这样的教师必然能为自己培养出富有道德观念的继承人，能把统治者的经验和才能、公民的勇气和忠诚以及众人争相以身许国的气节不断地传给下一代。

——〔法〕卢梭

在我们一生当中，随着年岁的增长，即使不由我们自己，也会由我们的环境来给我们施行补充教育的。

——〔德〕歌德

教师最大的缺点莫过于让自己和学生一道游移不定，不能让学生坚持他目前所持的观点。

——〔德〕歌德

所谓教育，是忘却了在校学的全部内容之后剩下的本领。

——〔美〕爱因斯坦

要做火热的感情与冷静的理智融为一体的大河，而不可匆忙地、贸然地作决定。这是教育艺术永不干涸的源泉之一。

——〔苏联〕苏霍姆林斯基

普及教育就是普及繁荣。

——〔瑞典〕诺贝尔

教育之于心灵，犹如雕刻之于大理石。

——〔美〕爱迪生

教育者的关注和爱护在学生的心灵上会留下不可磨灭的印象。

——〔苏联〕苏霍姆林斯基

真正的教育者不仅教授真理,而且向自己的学生教授对待真理的态度。

——〔苏联〕苏霍姆林斯基

教育就是获得运用知识的艺术,这是一种很难传授的艺术。

——〔英〕罗素

我们做父母的,对孩子要尽可能避免处罚和过分鼓励。

——〔苏联〕马卡连柯

教育家也就是人类心灵的工程师。

——〔苏联〕加里宁

第五辑

生活哲思

生活

用特写镜头看生活，生活是一个悲剧，但用长镜头看生活，生活就是一部喜剧。

——〔英〕卓别林

生活是极不愉快的玩笑，不过要使它美好却也不很难。

——〔俄〕契诃夫

一本完美无缺的生活史，就像一个完美无缺的人生一样，难以寻求。

——〔英〕卡莱尔

生活中最大的目的并不是知识，而是行动。

——〔英〕赫胥黎

生活好似演戏——成功与否不在情节有多长，而在演技有多好。

——〔古罗马〕塞涅卡

生活本身既不是祸、也不是福；它是祸福的容器，就看你自己把它变成什么。

——〔法〕蒙田

生活有千百种形式，每人只能经历一种。艳羡别人的幸福，那是想入非非，即便得到也不会享那个福。

——〔法〕纪德

生活是一辆永无终点的公共汽车,当你买票上车后,很难说你会遇见什么样的旅伴。

——〔美〕爱默生

谁奉行美德,谁就是在生活;尽声色犬马之能事的,不叫生活,叫虚度。

——〔英〕罗伯特·赫里克

生活是一阕交响乐,生活的每一时刻,都是几重唱的结合。

——〔法〕罗曼·罗兰

我们的生活一部分由愚蠢组成,一部分由智慧组成。

——〔法〕蒙田

一个人生气蓬勃的时候决不问为什么生活,只是为生活而生活——为了生活是桩美妙的事而生活。

——〔法〕罗曼·罗兰

我们不得不饮食、睡眠、游玩、恋爱,也就是说,我们不得不接触生活中最甜蜜的事情,不过我们必须不屈服于这些事物。

——〔波兰〕居里夫人

生活喜欢攀登上坡路,脚印只有在高峰才显得明亮。生活就是斗争,就是热情地克服危险和障碍。

——〔比利时〕维尔哈伦

生活不仅仅是呼吸而已,它也是一种活动。它动用到我们的身体组织、感官意识、器官机能以及那些曾让我们感觉到自己存在的所有知识。

——〔法〕卢梭

只有像我这样发疯地爱生活、爱斗争、爱那新的更美好的世界的建设的人,只有我们这些看透了和认识了生活的全部意义的人,才不会随便死去,哪怕只有一点机会就不能放弃生活。

——〔苏联〕奥斯特洛夫斯基

世界上有两种人，一种人，虚度年华；另一种人，过着有意义的生活。在第一种人的眼里，生活就是一场睡眠，如果这场睡眠在他看来，是睡在既柔和又温暖的床铺上，那他便十分心满意足了；在第二种人眼里，可以说，生活就是建立功绩……人就在完成这个功绩中享受到自己的幸福。

——〔俄〕别林斯基

不要对任何人埋怨生活，因为安慰之词很少能包含一个人所要追求的东西。当一个人同妨碍他生活的事物进行斗争时，生活便会比什么都更加充实，更有意义。在斗争中，苦闷无聊的时刻会不知不觉地飞驰而去。

——〔苏联〕高尔基

光有骤然而至的冲动和百折不挠的顽强精神不是生活，生活中还包括了妥协和忘却。

——〔法〕尤瑟纳尔

谁可以信任，诚实的朋友，我可以告诉你：信任生活！它比演说家和书本教得好。

——〔德〕歌德

生活中最可怕的东西，正是生活。

——〔意大利〕莫拉维亚

我认为领悟到生活的意义而活在世上才是真正的现实主义的生活方式。

——〔日〕汤川秀树

世上有多少个人，就有多少条生活的道路。

——〔俄罗斯〕亚历山大·索尔仁尼琴

生活不断地变化，它有时阴暗，有时又重放光明。

——〔德〕施瓦布

生活是我们的字典。

——〔美〕爱默生

生活就像波涛上的一叶扁舟，摇摇晃晃，又像山中的一条小路，忽上忽下。

——〔马达加斯加〕列·拉捷米沙·劳里逊

生活是一个宏伟的竞技场，大家尽可以在那里进行夺取胜利的较量，但必须老老实实地遵守比赛规则。

——〔苏联〕帕斯捷尔纳克

生活是最英明的审判官。

——〔苏联〕格奥尔基·马尔科夫

心中没有诗情，生活只会变成凄凉的现实。

——〔法〕巴尔扎克

生活不应该过于拘泥，过于刻板；我们的冲动在不给别人造成肯定的破坏或伤害的情况下，只要有可能就要任其自由发挥；应该有从事冒险的余地。

——〔英〕罗素

生活就是你的艺术。你把自己谱成乐曲。你的光阴就是十四行诗。

——〔英〕王尔德

生活就是生活。应当教会人们善于克制自己。

——〔苏联〕柯切托夫

人的才能就在于使生活快乐，在于用灿烂的色彩，使他生活的阴暗的环境明亮起来。

——〔西班牙〕伊巴涅斯

生活得最有意义的人，并不就是年岁活得最大的人，而是对生活最有感受的人。

——〔法〕卢梭

我认为人们在每一个时期都可以过有趣而有用的生活。我们不应虚度一生，应该能够说："我已经做了我能做的事。"人们只能要求我们如此，而且只有这样，我们才能有一点快乐。

——〔波兰〕居里夫人

生活是没有旁观者的。

——〔德〕歌德

我发现生活是令人激动的事情，尤其是为别人活着时。

——〔美〕海伦·凯勒

即使在坚实的河床上也会发生沉船的事故。生活原本就有得有失。

——〔德〕歌德

过日子就像是上帝在写小说，就让他放开手去写吧。

——〔美〕艾萨克·巴什维斯·辛格

良心是直线，生活却是旋涡。这旋涡在人的头顶上，造成了阴霾或者晴天。

——〔法〕雨果

习惯

人们不应长久沉湎于恶习,因为尽管你不愿意,也会养成习惯。

——〔古希腊〕伊索

一个人的后半辈子均由习惯组成,而他的习惯却是在前半辈子养成的。

——〔俄〕陀思妥耶夫斯基

每天务必做一点你所不愿意做的事情。这是一条最宝贵的准则,它可以使你养成认真尽责而不以为苦的习惯。

——〔美〕马克·吐温

习惯是很难打破的,谁也不能把它从窗户里抛出去,只能一步一步地哄着它从楼梯上走下来。

——〔美〕马克·吐温

一个最高尚的人也可以因习惯而变得愚昧无知和粗野无礼,甚至粗野到惨无人道的程度。

——〔俄〕陀思妥耶夫斯基

人的生活方式如果仍延续一系列的旧习惯,那么,他就会成为生活的奴隶。

——〔科威特〕穆尼尔·纳素夫

好习惯是一个人在社交场中所能穿着的最佳服饰。

——〔古希腊〕苏格拉底

习惯创造的奇迹多么惊人呀！习惯的养成又是多么快和多么容易呀——无论是那些无关紧要的习惯，还是使我们起根本变化的习惯，都是一样。

——〔美〕马克·吐温

一种传统的习惯每每是越没有存在的理由，反而越不容易去掉它。

——〔美〕马克·吐温

习惯正一天天地把我们的生活变成某种定型的化石，我们的心灵正在失去自由，成为平静而没有激情的时间之流的奴隶。

——〔俄〕列夫·托尔斯泰

习惯虽然是可以使一个人失去羞耻的魔鬼，但是它也可以做一个天使。

——〔英〕莎士比亚

人们想的和做的对他们来说都是理所当然的，只有时间才能慢慢使人改变，而任何合乎理智的论据都不能使人改变对他显然有害的习惯。

——〔苏联〕高尔基

总以某种固定方式行事，人便能养成习惯。

——〔古希腊〕亚里士多德

习惯实际上已成为天性的一部分。

——〔古希腊〕亚里士多德

任何事物都不及习惯那么神通广大。

——〔古罗马〕奥维德

坏习惯是在不知不觉中形成的。

——〔古罗马〕奥维德

习惯的力量是巨大的。

——〔古罗马〕西塞罗

习惯能造就第二天性。

——〔古罗马〕西塞罗

习惯是行为的女儿，不过女儿反过来养育母亲，并按母亲的模样生下自己的女儿，不过更漂亮、更幸运了。

——〔英〕杰弗里·泰勒

习惯使社会阶层自行分开，不相混杂。

——〔美〕威廉·詹姆斯

习惯是社会的巨大的飞轮和最可贵的维护者。

——〔美〕威廉·詹姆斯

习惯支配着那些不善于思考的人们。

——〔英〕华兹华斯

许多富有创见的人并没有想到这一点：他们被习惯引入歧途。

——〔英〕济慈

习惯要靠习惯来征服。

——〔美〕托马斯·坎普顿

人应该支配习惯，而决不能让习惯支配自己。

——〔苏联〕奥斯特洛夫斯基

对我们的习惯不加节制，在我们年轻精力旺盛的时候不会立即显出它的影响。但是它逐渐消耗这种精力，到衰老时期我们不得不结算账目，并且偿还导致我们破产的债务。

——〔印度〕泰戈尔

习惯若不加以抑制，不久它就会变成你生活上的必需品。

——〔古罗马〕奥古斯丁

人喜欢习惯，因为造它的就是自己。

——〔爱尔兰〕萧伯纳

人的行为总是一再地重复，因此卓越不是单一的举动，而是习惯。

——〔古希腊〕亚里士多德

人是习惯的奴隶！

——〔古希腊〕柏拉图

首先我们养成习惯，随后习惯养成了我们。

——〔英〕德莱顿

习惯是一条巨缆——我们每天编结其中一根线，到最后我们就无法弄断它。

——〔英〕亨利·梅因

家庭是习惯的学校，父母是习惯的教师。

——〔日〕福泽谕吉

如果良好的习惯是一种道德资本，那么，在同样的程度上，坏习惯就是道德上无法偿清的债务了。

——〔俄〕乌申斯基

习惯——这是德行的秘密。

——〔德〕费尔巴哈

记忆

回忆是一首最伟大的诗,但当触及到结了痂的创口时,它却是剧烈的痛苦。

——〔俄〕冈察洛夫

随着年月的流逝,任何人都得背上越来越重的记忆的负担。

——〔阿根廷〕博尔赫斯

我们依恋着我们所忍受过的,我们不舍得抛弃我们曾经付出过巨大代价的。

——〔法〕乔治·桑

生活除了梦幻之外,也充满了现实。一个人不能靠回忆过活。

——〔美〕欧·亨利

生活不能永远停留在这样的痛苦中,不能总是沉浸在这些残缺的、苍白的回忆里。

——〔德〕亨利希·曼

过去的事让它过去吧,时间会把你心头那份深深的创伤治愈的。

——〔英〕威尔基·柯林斯

记忆是知识的唯一管库人。

——〔英〕菲利普·锡德尼

让我们不要用过去的哀思拖累我们的记忆。

——〔英〕莎士比亚

感慨归感慨，而回忆总是那么迷人。甚至过去那些倒霉事，原来惹得我十分恼恨的，在回忆中也会变得不那么可恨，反倒成为一段动人的经历。

——〔俄〕陀思妥耶夫斯基

记忆中记得最牢的事情，就是一心要忘却的事情。

——〔法〕蒙田

记忆差的好处是对一些美好的事物，仿佛初次遇见一样，可以享受多次。

——〔德〕尼采

只回忆过去是差劲的记忆。

——〔英〕卡罗尔

记忆力并不是智慧；但没有记忆力还成什么智慧呢？

——〔德〕哈柏

锻炼记忆力的良好方法是锻炼自己的注意力。

——〔英〕爱德华兹

几乎没有人会记得他所丝毫不感兴趣的事情。

——〔加拿大〕麦克唐纳

以愉快的心情学得的，会永远记着。

——〔美〕马什

有着污染的记忆是一种永远的毒药。

——〔英〕夏洛蒂·勃朗特

愈是想努力抓住的回忆，它愈是狡狯地溜走；如同在我们脑海里的最深处飘忽地若隐若现地游动着一支闪光的水团，苦于无法将它捞起和抓住。

——〔奥地利〕茨威格

人的记忆力总是很照顾人的。

——〔奥地利〕茨威格

记忆很奇特，它既好又坏：它一方面很任性固执，野马难驯，而后则又异常真切可靠；它往往把最重要的人物和事件，把读到过的和亲历过的完全吞入遗忘的黝黑的渊底，不经强迫便隐而不露，只有意志的呼唤才能将它从幽冥中召回。但是，只要捕捉到一点蛛丝马迹，一张有风景画的明信片，信封上熟悉的笔迹、或者变黄了的报纸，顷刻，遗忘了的东西就会像上了钩的鱼儿一样，马上从漆黑的深渊里冒出来，又生动又具体，栩栩如生。

——〔奥地利〕茨威格

我们一起缅怀故人，回忆向来使人们相互亲近，而充满了爱的回忆则加倍地使人们相互亲近。

——〔奥地利〕茨威格

回忆和希望，是世间最美的调味品。

——〔德〕歌德

娱乐

欢娱本身并不是罪孽；但是，能带来一定乐趣的东西，同时也会留下比乐趣本身大出许多倍的烦恼。

——〔古希腊〕伊壁鸠鲁

对于上帝来说，最愉快的娱乐，莫过于看一个男人能否与不幸的命运作斗争。

——〔古罗马〕塞涅卡

适度的娱乐能放松人的情绪，陶冶人的情操。

——〔古罗马〕塞涅卡

人生最好有一种正当的娱乐，即使没有财富，也能拥有快乐。

——〔英〕丘吉尔

以适当的娱乐调节工作过度后的疲劳，是非常有益的事情。

——〔法〕罗曼·罗兰

娱乐是花，务实是根。如果要欣赏花的美丽，必须先加强根的牢固。

——〔美〕爱默生

电视这一娱乐传媒虽然可以让无数的人同时为同一个笑话发笑，却依然让人备受孤独。

——〔英〕艾略特

腾不出时间娱乐的人，小心会被迫腾出时间生病。

——〔美〕沃纳梅克

娱乐活动是为学习做好准备，又是学习后消除疲劳的良药。

——〔美〕马克·吐温

我们的心智需要松弛，倘若不进行一些娱乐活动，精神就会垮掉。

——〔法〕莫里哀

完成劳动的报酬是闲暇、娱乐。

——〔法〕皮埃尔·勒鲁

人都需要娱乐和变换兴趣，以防止变得迟钝、呆滞和智力上的闭塞。

——〔英〕乔伊特

在工作与游乐之间，存在着一种和谐，两者巧妙地结合起来，生活的艺术就在其中了。

——〔法〕罗曼·罗兰

高尚的娱乐，对人生是宝贵的恩物。

——〔日〕鹤见祐辅

娱乐存在于生活之中，并创造了生活的风貌。

——〔日〕三木清

人类生活的真正目的在于娱乐。世间是艰苦劳作之地，天堂是愉快玩乐之园。

——〔英〕切斯特顿

人们本能地在游戏，可是自己不肯坦率承认。这是一个时代的可怕的危险。

——〔法〕罗曼·罗兰

我十分赞赏公共娱乐，因为娱乐可以防止人们去干不正经的事。

——〔英〕塞缪尔·约翰逊

娱乐作为其他方式上的生活，由于使我们平生不用的器官和能力活动起来，因而娱乐又可能成为教养。

——〔日〕三木清

一个人有自己的兴趣爱好，无论走到哪里，都能自娱自乐欣喜不已。

——〔美〕亚当斯

一个国家的音乐特色和娱乐场面，是所有的记忆中最具感染力和最令人陶醉的部分。

——〔美〕罗伯特·麦金托什

一个明智地追求快乐的人，除了培养生活赖以支撑的主要兴趣之外，总得设法培养其他许多闲情逸趣。

——〔英〕罗素

人人都应有一种深厚的兴趣或嗜好，以丰富心灵，为生活添加滋味，同时也许可以借着它，对自己的国家有所贡献。

——〔美〕卡耐基

有目的的娱乐，不能成为真正的娱乐。娱乐没有目的，可对生活来说是符合目的的。

——〔日〕三木清

在玩乐中，我们能表现出我们是怎样的一种人。

——〔古罗马〕奥维德

兴趣最狭窄的人懂得最少，然而什么都感兴趣的人则什么都不懂。

——〔奥地利〕黑兹利特

为了得到真正的快乐，避免烦恼和脑力的过度紧张，我们都应该有一些嗜好。

——〔英〕丘吉尔

一切没有后患的欢乐不仅有补于人生的终极（即幸福），也可以借以为日常的憩息。

——〔古希腊〕亚里士多德

看来把娱乐看成件好事要合理得多，可是要记住，某些娱乐带来有害的后果，因此也许避开它更为明智。

——〔英〕毛姆

生活既与娱乐相区别，又与娱乐相统一。……娱乐必须成为生活，生活必须成为娱乐。

——〔日〕三木清

娱乐应该成为艺术，生活应该成为艺术。生活的技术应该就是生活的艺术。

——〔日〕三木清

懂得如何玩乐实在是一种幸福的才能。

——〔美〕爱默生

人总不能把毕生的精力都耗费在玩乐之中。

——〔英〕塞缪尔·约翰逊

娱乐是以不干预实际生活的方式释放情感的一种方法。

——〔英〕科林伍德

休闲

无论身份高低，只要会消遣就是幸福。……那是从思索自己的事中岔开的幸福。

——〔法〕帕斯卡

一个好好地过生活的人，他的时间该分作三部分：劳动、享乐、休息或消遣。

——〔俄〕车尔尼雪夫斯基

所谓会读书，就是本着诚意去读确实有价值的书。这是一种高尚的消遣。

——〔美〕亨利·大卫·梭罗

闲暇不是心灵的充实，而是为了心灵得到休息。

——〔古罗马〕西塞罗

闲暇是为了做出某种有益的事而有的时间。

——〔美〕富兰克林

真正的闲暇并不是说什么也不做，而是能够自由地做自己感兴趣的事情。

——〔爱尔兰〕萧伯纳

闲暇是哲学之母。

——〔英〕托马斯·霍布斯

闲暇是霓裳，不宜常穿用。

——〔以色列〕阿格农

真正的闲暇,是为所欲为的自由,可不是一事不做,无聊偷懒。

——〔爱尔兰〕萧伯纳

真正的思想家最向往的是充分的闲暇。平凡的学者之所以回避它,是因为不知如何打发闲暇。

——〔挪威〕易卜生

闲适,你花在不付报酬的工作上的时间。

——〔英〕培根

悠闲的生活与懒惰是两回事。

——〔美〕富兰克林

休闲给身体和头脑提供养料。

——〔古罗马〕奥维德

休息是好事,可怠倦是其兄弟。

——〔法〕伏尔泰

充分利用你的时间,如果你希望获得闲暇的话。

——〔美〕富兰克林

如果一年到头如假日,岂不像连日工作那样令人疲乏?

——〔英〕莎士比亚

财富的增长和闲暇的增加是人类文明的两大杠杆。

——〔英〕迪斯雷利

教会留出某些日子,用来献给神而可以悠闲自在,还能促进虔信……而消磨这种日子的最稳妥的办法就是坐着哈欠连天。

——〔法〕伏尔泰

不管到了哪里,我都一直留恋那令人愉快的悠闲生活,对唾手可得的富贵荣华毫无兴趣，甚至厌恶。

——〔法〕卢梭

远离尘世与其间的辛劳和忧愁，四层楼梯之上有我舒适的小王国。

——〔英〕萨克雷

我们现在也许建立了一个真理，这就是安逸对于文明是有害的。

——〔英〕汤因比

能聪明地充实闲暇时间是人类文明的最新成果。

——〔英〕罗素

有时间改善自己灵魂资产的人享有真正的闲暇之乐。

——〔美〕亨利·大卫·梭罗

如果说需要是文明之母，那么空闲就是文明的保姆。

——〔英〕汤因比

休息的真正价值和滋味，唯有工作的人方能体会。

——〔美〕福特

具有偷闲本领的人往往有广泛的兴趣和强烈的个性。

——〔英〕斯蒂文森

有时间充实自己的精神生活，这才是真正享受休闲。

——〔美〕亨利·大卫·梭罗

社交场合的闲逸是令人厌恶的，因为它是被迫的；孤独生活中的闲逸是愉快的，因为它是自由的、出于自愿的。

——〔法〕卢梭

人们牺牲了闲暇才得富裕，当富裕带来唯一令人满意的自由的时候，我们为了富裕又不得不牺牲闲暇。

——〔古罗马〕塞涅卡

一般都认为幸福存在于闲暇。不管怎么说，我们为争取闲暇而工作，为生活在和平环境而战争。

——〔古希腊〕亚里士多德

闲暇时不学习相当于死亡，那是活人的坟墓。

——〔古罗马〕塞涅卡

人有时间才休闲，书页上留出空边才好看。

——〔美〕亨利·大卫·梭罗

最伟大的政治家之一，曾经如是说：变更工作内容便是最好的休息。

——〔英〕阿瑟·柯南·道尔

假如你正在失去悠闲，当心！也许你正在失去灵魂。

——〔英〕洛·皮·史密斯

我相信，单独生活的目的只有一个，就是生活得更悠闲，更随便些。

——〔法〕蒙田

没有充分的闲暇，就不可能有高度文明。

——〔美〕比彻

给你的朋友以时间，给你的妻子以闲暇，放松你的头脑，让你的身子休息，这样你就能更好地完成你所习惯的工作。

——〔法〕费德鲁斯

休息是好事，但要小心，"倦怠"是它的好兄弟。

——〔法〕伏尔泰

休息之隶属于工作，正如眼睑之隶属于眼睛。

——〔印度〕泰戈尔

休息是滋养疲乏的精神保姆。

——〔英〕莎士比亚

时尚

我们被生活的浪潮推向前去,而我们却以为我们在独立行事,我们有权选择我们所喜欢的活动。然而,一仔细观察,我们便会发现,我们被迫做的不外乎是适应时代的倾向和要求。

——〔德〕歌德

时髦是摆脱了粗俗之后的优雅;因而,它最怕被新的时髦所代替。

——〔英〕威廉·哈兹里特

一切时髦的东西都会过时,所以倘若你追时髦,那么你老了以后,就会变成一个谁也不肯信任的、徒有外表的人。

——〔德〕舒曼

高雅时髦与丑陋粗俗是人性这块普通硬币的两面。

——〔英〕赫伯特·乔治·威尔斯

我们真实的愿望仅仅是求异,从这一边摇摆到那一边,而且每一次新的摇摆都受到热烈欢呼,前一次摇摆得到的却是蔑视。

——〔美〕伯纳德·贝伦森

牛仔裤象征着流行的民主。

——〔意大利〕乔治·阿玛尼

时尚易逝，风格永存。

——〔法〕加布里埃·香奈儿

我认为，优雅不是要传达低调，而是要抵达一个人非常精华的层面。

——〔法〕克里斯汀·拉克鲁瓦

时尚女人穿衣服，不是衣服穿她。

——〔英〕玛莉官

时尚使我们陷入许多愚蠢的行为，其中最严重的是使我们成为它的奴隶。

——〔法〕拿破仑

时尚比任何一个暴君都更有威力。

——拉丁谚语

每一个人都嘲笑陈旧的时尚，却虔诚地追随新的时尚。

——〔美〕亨利·大卫·梭罗

你必须以幽默的态度看待时尚，凌驾于时尚之上，相信它足以给生活留下印记，但同时又不要笃信，这样，你才能保持自己的自由。

——〔法〕圣·罗兰

时髦是力求脱俗、不愿被追上的一种教养。

——〔英〕威廉·哈兹里特

时髦仅仅只会引起流行病。

——〔爱尔兰〕萧伯纳

最聪明的生活是，一面轻蔑一个时代的习惯，一面不破坏其习惯生活。

——〔日〕芥川龙之介

没有什么东西像已废弃的时髦变得如此丑陋。

——〔法〕司汤达

所谓时尚就是目前的传统。一切传统都带有某种必要性，使人们非向它看齐不可。

——〔德〕歌德

既不要做第一个尝试新时尚的人，也不要做最后一个抛弃旧时尚的人。

——〔英〕蒲柏

爱好时髦是一种不良的风尚，因为她的容貌是不因爱好时髦而改变的。

——〔法〕卢梭

第六辑

社交策略

朋友

一个朋友的拥抱能消除许多嫌隙。

——〔法〕卢梭

除了一个真心的朋友之外，没有一样药剂是可以交心的。对一个真心的朋友你可以表达你的忧愁欢悦、恐惧、希望、疑忌、谏诤，以及任何压在你心上的事情。

——〔英〕培根

真正的友谊是一种缓慢生长的植物，必须经历并挺得住逆境的冲击，才无愧友谊这个称号。

——〔美〕华盛顿

友谊能增进快乐，减轻痛苦；因为它能倍增我们的喜悦，分担我们的烦忧。

——〔美〕爱默生

人生最美好的东西，就是与别人的友谊。

——〔美〕林肯

兄弟可能不是朋友，但朋友常常如兄弟。

——〔美〕富兰克林

理解绝对是养育一切友情之果的土壤。

——〔美〕威尔逊

疑心病是友谊的毒药。

——〔英〕培根

怜悯你的人不是朋友，帮助你的人才是朋友。在欢乐时，朋友们会认识我们，在患难时，我们会认识朋友。

——〔英〕柯林斯

应该逃避谄媚者的花言巧语，而不应该逃避一个朋友坦率恳切的苦口良言。

——〔英〕杰弗雷·乔叟

有很多良友，胜于有很多财富。

——〔英〕莎士比亚

人人都能同情朋友在受苦，但是，若要替朋友的成功高兴，却需要极高尚的人格。

——〔英〕王尔德

当世人都疏远了我，而仍在我身边的人，就是我真正的朋友。

——〔英〕王尔德

没有一个词比"朋友"这个词用得更广泛，也没有什么比真正的朋友更为罕见。

——〔法〕拉·封丹

谈到名声、荣誉、快乐、财富这些东西，如果和友情相比，它们都是尘土。

——〔英〕达尔文

一个人受了友谊的感动去做事的时候，本来胆小的变得勇敢了，本来怕羞的有了自信了，懒怠的也肯动了，性子暴躁的也谨慎小心肯收敛了。

——〔英〕萨克雷

一个朋友总不至于只值一张钞票的代价吧？我不愿出卖。

——〔爱尔兰〕萧伯纳

友谊也像花朵，好好地培养，可以开得更娇艳美丽，可是一旦任性或者不幸从根本上破坏了友谊，这朵心上盛开的花，可以立刻枯萎凋谢。

——〔法〕大仲马

认真寻找朋友的人，应该找得到朋友；没有朋友的人，说明他从未寻找过。

——〔德〕莱辛

友谊是灵魂的结合。

——〔法〕伏尔泰

在一个正直和富于情感的心中，一个忠实的朋友的声音将压倒二十个引诱者的叫嚣。

——〔法〕卢梭

当生活遇到大忧大患，友谊应该是有效的安慰。

——〔法〕巴尔扎克

有些友谊虽然来得晚，但却唤醒许多美好的希望，它再度对我证明，人最好静候机缘，不要操之过急。

——〔德〕席勒

即使是最神圣的友谊也可能潜藏着秘密，但不能因为不能猜测出朋友的秘密而误解他。

——〔德〕贝多芬

友谊的语言不是词句，而是意义。

——〔美〕亨利·大卫·梭罗

真诚、活跃而富有成果的友谊表现在生活的步调一致，表现在我的朋友赞成我的目标而我也赞成他的目标，因此无论我们的思想和生活方式有多大差异，都能始终不渝地共同前进。

——〔德〕歌德

朋友间的不和，就是敌人进攻的机会。

——〔古希腊〕伊索

那些背叛同伴的人，常常不知不觉地把自己也一起灭亡了。

——〔古希腊〕伊索

人的生活离不开友谊，但要得到真正的友谊是不容易的。友谊需要用忠诚去播种，用热情去灌溉，用原则去培养，用谅解去照顾。

——〔德〕马克思

我们结交朋友的方法，应该是给朋友好处，而不是向朋友索取好处。这种友谊最为可靠。

——〔古希腊〕修昔底德

我们结交朋友，应当选择那些在危险时能够在我们旁边作为盟友的人。

——〔古希腊〕伊索

在智慧供给整个人生的一切幸福之中，获得友谊最为重要。

——〔古希腊〕伊壁鸠鲁

友谊永远是美德的辅佐,不是罪恶的助手。

——〔古罗马〕西塞罗

为真正的朋友,应当准备抛弃最热爱的生命。

——〔古希腊〕索福克勒斯

友谊是一种和谐的平等。

——〔古希腊〕毕达哥拉斯

不要靠馈赠去获得朋友。必须贡献你诚挚的爱,学会怎样用正当的方法来赢得一个人的心。

——〔古希腊〕苏格拉底

好感是友谊的先决条件,但不能把两者混为一谈。

——〔古希腊〕亚里士多德

交际

人就像藤萝，他的生存靠别的东西支持，他拥抱别人，就从拥抱中得到了力量。

——〔英〕蒲柏

以好人为友者，自己也能成为好人。

——〔西班牙〕塞万提斯

深入了解人的方法只有一个，就是不急于下定论。

——〔法〕圣伯夫

一个不能了解自己的人，根本谈不上了解别人。

——〔法〕雨果

人们不会轻易就达到互相了解，即使有最美好的意愿和最善良的目的。再说，恶意会把一切都破坏无遗。

——〔德〕歌德

一个难料的朋友比一个确凿的仇人更坏，让一个人是这样一个人，或那样一个人吧，这样我们才晓得怎样应付他。

——〔古希腊〕伊索

当一个人了解别人的痛苦时，他自己一定已经饱尝痛苦了。

——〔英〕拜伦

要了解一个人，应当设身处地，应当感受他的痛苦和欢乐。

——〔俄〕皮萨列夫

只有肚子饿的时候，吃东西才有益无害，同样，只有当你有爱心的时候，去同人打交道才会有益无害。

——〔俄〕列夫·托尔斯泰

和蔼可亲的态度是永远的介绍信。

——〔英〕培根

我们与人们结识和交往，完全不是为了欢度时光，而是为了从他们那里吸取某种东西来充实自己……

——〔俄〕果戈理

待人得像你要人家待你那样。

——〔美〕德莱塞

人情是个微妙、急躁而不合理的东西。它不像心理、性格那玩意儿那样，并不完全是被伦理的规律和理解的条件支配着。

——〔美〕德莱塞

对别人表示关心和善意，比任何礼物都能产生更多的效果，比任何礼物对别人都有更多的实际利益。

——〔法〕卢梭

善气迎人，亲如弟兄，恶气迎人，害于戈兵。

——〔春秋〕管仲

君子之交淡若水，小人之交甘若醴；君子淡以亲，小人甘以绝。

——〔战国〕庄子

以势交者，势倾则绝。以利交者，利穷则散。

——〔隋〕王通

白头如新，倾盖如故。

——［西汉］司马迁

凡免我于厄者，皆平日可畏人也；挤我于险者，皆异时可喜人也。

——［北宋］苏轼

肝胆相照，欲与天下共分秋月；意气相许，欲与天下共坐春风。

——［明］陈继儒

博览广识见，寡交少是非。

——［明］陈继儒

待小人，不难于严，而难于不恶；待君子，不难于恭，而难于有礼。

——［明］洪应明

爱人不以理，适是害人；恶人不以理，实是害己。

——［清］魏际瑞

待己当从无过中求有过，非独进德，亦且免患；待人当于有过中求无过，非但存厚，亦且解怨。

——［清］金缨

钓鱼须钓海上鳌，结交须结扶风豪。

——［清］袁枚

帮助

那些不肯济弱扶贫者，当他跌倒时，也将无人加以援助。

——〔古波斯〕萨迪

自己脑子里只装满着自己，这种人正是最空虚的人。

——〔俄〕莱蒙托夫

生活中无论什么事都和别人息息相关，要想只为自己、孤零零地一个人活下去是十分荒谬的想法。

——〔英〕毛姆

一个人要帮助弱者，应当自己成为强者，而不是和他们一样变成弱者。

——〔法〕罗曼·罗兰

紧急的时刻得到的帮助是宝贵的，然而并不是人人都会给予及时的帮助。

——〔俄〕克雷洛夫

获得恩惠是生活的全部艺术，没有恩惠的人是没有前途的。

——〔爱尔兰〕萧伯纳

人应该尊重彼此间的相互帮助，这在社会生活中是必不可少的。

——〔苏联〕高尔基

困难以及希望渺茫时，最大胆的帮助是最为安全的。

——〔古罗马〕李维

自己的痛苦即使再大，也不要放在心里，朋友的痛苦即使再小，也应该充分注意。

——〔印度〕杜勒西达斯

只有当你给你的朋友以某种帮助时，你的精神才能变得丰富起来。

——〔苏联〕苏霍姆林斯基

处世之道，贵在礼尚往来。如果你想获得友谊，你必须为你的朋友效力。

——〔美〕爱默生

帮助虚弱无力的人站起来，是不够的，随后还要支住他。

——〔英〕莎士比亚

谁要想在困厄时得到援助，就应在平日待人以宽。

——〔古波斯〕萨迪

真正的关心是不可能像电路开关一样随意插上拔下的；凡是关心别人命运的人，一定要失掉一些自己的自由。

——〔奥地利〕茨威格

帮助别人不是妙不可言吗？这是唯一真正值得，唯一真正会有好报的事情啊。这种认识催促我现在心甘情愿地去做我昨天还认为是难以忍受的、自我牺牲的事情。

——〔奥地利〕茨威格

为他人着想，为他人出力，那么你在动荡的人生波涛上面就总会是坚定的。

——〔德〕歌德

向贫苦的人施舍就是施舍给命运女神。

——〔古罗马〕塞涅卡

有四种类型的施主：一种是希望给予却不希望别人也如此——这是吝惜别人的所有；第二种是希望别人给予，而不是自己——他是吝惜自己的所有；第三种既希望自己给予，也希望别人给予——此为圣人；最后一种是不希望自己给予，也不希望别人给予——此为恶徒。

——《塔木德·艾博特》

犹太人的一句古老箴言给我留下很深的印象："健康时的施舍是金子，病中的施舍是银，死后留下的施舍是铅。"

——〔德〕施特劳斯

如果你在贫穷的时候就乐善好施，你在富有的时候亦会慷慨济人；如果你在富有的时候不愿施舍，那么，因为贫穷就更不会施舍了。

——《塔木德·坦刻玛导言》

上帝创造人就是要求获得他人的永恒帮助。每个人都有别人没有的东西。每个人更为敏感的那根神经都与别人的不同，因此只有友好地交换看法，互相帮助，大家观察事物才能同样清楚，才能看到事物的各个方面。

——〔俄〕果戈理

人的内心充满至深至纯的幸福感，不是在满足自我，而是在满足了"他人"的时候，奉献于他人，帮助他人，并不仅仅只是对他人有利，终究还将有利于自己。

——〔日〕稻盛和夫

第七辑

财富密码

财富

人类最悲哀的错误，是愚蠢得不愿一顾自然赋予之礼物的价值，反而认为，不可能得到手的财宝才是贵重的。

——〔德〕海涅

你若寻求财富，不如寻求满足，满足是最好的财富。

——〔古波斯〕萨迪

财富本身就是危险。那会招引虚伪的朋友来到你的身旁，贫穷就可能使虚伪的朋友离开，使你安静下来。

——〔法〕雨果

我视闲暇为所有财富中最美好的财富。

——〔古希腊〕苏格拉底

财产像人一般，是一种有机体，除了创业人自己以外，它还要吸收别人的思想和精力。

——〔美〕德莱塞

人的财产也往往如此。倘使增长的过程从未中断，倘使从未达到平衡的状态，那就不会垮下来。

——〔美〕德莱塞

倘使每个人都完全自己照顾自己的财产，很长时间之后，变得极其衰老了，那他的财产也会像他的精力和意志一般消逝的。他和他的财产就会烟消云散，不知去向。

——〔美〕德莱塞

日益增长的财富与日益增长的安逸为人类带来文明。

——〔英〕迪斯雷利

时间是人的财富，全部财富，正如时间是国家的财富一样，因为任何财富都是时间与行动化合之后的成果。

——〔法〕巴尔扎克

财富就像海水，饮得越多，渴得越厉害；名望实际上也是如此。

——〔德〕叔本华

任何个人财富都不能成为个人最终的生命价值。

——〔英〕培根

财富是美德的包袱。

——〔英〕培根

财富应当用正当的手段去谋求，应当慎重地使用，应当慷慨地用以济世，而到临死时应当无留恋地与之分手，当然也不必对财富故作蔑视。

——〔英〕培根

在财富的国度里，我们很难对自己要追求的东西界定一个理智的限度，甚至不可能做到。

——〔德〕叔本华

人们不应该拿财富作为花天酒地、寻欢作乐的通行证，应该把财富作为抵御不幸和灾祸的保护伞。

——〔德〕叔本华

多余的财富只能换取奢靡者的生活，而心灵的必需品是无需用钱购买的。

——〔美〕亨利·大卫·梭罗

伟大的思想能变成巨大的财富。

——〔古罗马〕塞涅卡

财富掌握在意志薄弱、缺乏自制、缺乏理性的人手中，就可能会成为一种诱惑和一个陷阱。

——〔英〕斯迈尔斯

财富不应当是生命的目的，它只是生活的工具。

——〔法〕乔治·比才

要争取真正的财富，靠金银谋取幸福是不光彩的。

——〔古罗马〕塞涅卡

能处处寻求快乐的人才是最富有的人。

——〔美〕亨利·大卫·梭罗

财富对有些人只做了一件事：使他们担心会失去财富。

——〔法〕里瓦罗尔

巨大的财富对于一个不惯于掌握钱财的人，是一种毒害，它侵入他品德的血肉和骨髓中。

——〔美〕马克·吐温

纵使富有的人以其财富自傲，但在他还不知道如何使用他的财富以前，别去夸赞他。

——〔古希腊〕苏格拉底

对希望和欢乐的偏爱是真正的财富，而对恐惧和痛苦的执著则是穷困。

——〔英〕休谟

人必须努力生产财富，因为他不能没有财富而生存。在每人胸中都有一种欲望，想要在人世间提高自己的地位和改善自己的境遇，这就使他不得不设法节约和积累。

——〔英〕麦克库洛赫

我们既没有权利只享受财富而不创造财富，也没有权利只享受幸福而不创造幸福。

——〔爱尔兰〕萧伯纳

金钱

假使一个人不在金钱里埋葬自己，而能用理性支配金钱，这对于他是荣耀，对于别人也有益处。

——〔苏联〕高尔基

人类的百分之七十的烦恼都跟金钱有关，而人们在处理金钱时，却往往意外地盲目。

——〔美〕卡耐基

黄金的枷锁是最重的。

——〔法〕巴尔扎克

金钱可能是许多事物的外壳，却不是核心。它可以为你买到食物，却买不到食欲；可以买到医药，却买不到健康；可以买到相识的人，却买不到朋友；可以买到一时的欢乐，却买不到平和与幸福。

——〔挪威〕易卜生

拥有金钱，并且拥有金钱可以买到的东西，那很好；但是假若能偶尔确定一下你并没有失去那些金钱买不到的东西，那也很好。

——〔美〕乔治·霍勒斯·洛里默

钱是一种难以得到的可怕的东西，但也是一种值得欢迎的可爱的东西。

——〔英〕亨利·詹姆斯

任何人一生当中最黑暗的时刻，就是当他坐下来计划怎样去弄到钱，而不是赚到钱的时候。

——〔美〕霍勒斯·格里利

我们手里的金钱是保持自由的一种工具。

——〔法〕卢梭

金钱——不问多少，不管少到什么程度——总会勾起安逸与享乐的幻想。

——〔美〕德莱塞

金钱所到的地方就是生意所到的地方——一种欣欣向荣的生活。

——〔美〕德莱塞

我一向将金钱视作安逸快活的闲暇时光的来源，而典型的现代人则将获得更多金钱视作在同阶层的人面前炫耀、展现自我优势的资本。

——〔英〕罗素

人们害怕金钱流失，因此产生忧虑与烦闷。这种情绪消耗了人们获得幸福的能力，而且，相对于我们所惧怕的那些不幸，对"遭遇不幸"的恐惧是一种更深的不幸。

——〔英〕罗素

如果你懂得使用，金钱是一个好奴仆，如果你不懂得使用，它就变成你的主人。

——〔美〕马克·吐温

"无中不能生有"这句话对人生来说，跟在物理学里是同样真实的。金钱的种子就是金钱；有时候，取得第一枚金镑要比取得第二份一百万金镑困难得多。

——〔法〕卢梭

没有钱是悲哀的事，但是金钱过剩则更加悲哀。

——〔俄〕列夫·托尔斯泰

世界的设计创造应以人为中心,而不是以谋取金钱为中心,人并非以金钱为对象而生活,人的对象往往是人。

——〔俄〕普希金

人生的一切都是美好的,甚至连金钱也是一样,因为它会给人们以教益。钱就好像琴一样,谁不会演奏,它就只会让他听到刺耳的噪音。钱又像爱情一样,谁吝啬不肯把它给人,它会让他死去;谁慷慨把它给予别人,它会使他新生。

——〔黎巴嫩〕纪伯伦

最崇高的首先是思想,其次才是金钱;光有金钱而没有最崇高的思想的社会是会崩溃的。

——〔俄〕陀思妥耶夫斯基

富人如果把金钱放在你手中,你不要对这点恩惠太看重,因为圣人曾经这样教诲:勤劳远比黄金可贵。

——〔古波斯〕萨迪

金钱的贪求和享乐的贪求,促使我们成为它们的奴隶,也可以说,把我们整个身心投入深渊。唯利是图,是一种痼疾,使人卑鄙,但贪求享乐,更是一种使人极端无耻、不可救药的毛病。

——〔古希腊〕朗吉努斯

金钱并非像平常说的那样是万恶之源。而对金钱的贪图,既对金钱过分的、自私的、贪婪的追求,才是一切邪恶的根源。

——〔美〕霍桑

世界上绝大多数的人为了财富奋斗终生而不可得,其主要原因在于虽然他们都曾在各种学校中学习多年,却从未真正学习到关于金钱的知识。其结果就是他们只知道为了钱拼命工作……却从不去思索如何让钱为他们工作。

——〔美〕罗伯特·清崎

有时候一个人为不花钱得到的东西付出的代价最高。

——〔美〕爱因斯坦

资金的最大用处不是创造更多的钱,而是能更多地改善人们的生活。

——〔美〕亨利·福特

等你也有1亿美元的时候,你就会明白钱不过是一种符号,简直毫无意义。

——〔美〕比尔·盖茨

贪婪

贪心会使雪亮的眼睛失明，贪心会使鱼、鸟在网中丧命。

——〔古波斯〕萨迪

执著于自我与物欲者，逃不脱无边的苦海。

——〔印度〕瓦鲁瓦尔

有些人因为贪婪，想得到更多的东西，却把现在所有的也失掉了。

——〔古希腊〕伊索

贪婪的人必定也是焦虑的人，因为他生活在焦虑的状态下，在我看来，他也就绝不会自由。

——〔古罗马〕贺拉斯

贪欲永远无底，占有的已经太多，仍渴求更多的东西。

——〔英〕莎士比亚

对于不知足的人，没有一把椅子是舒服的。

——〔美〕富兰克林

贪欲使人无所不为。

——〔意大利〕但丁

贪心好比一个套结，把人的心越套越紧，结果把理智闭塞了。

——〔法〕巴尔扎克

奢侈会破坏人们的心灵纯质，你获得愈多，就愈贪婪，而且总感到不能满足自己。

——〔法〕安格尔

如果追求过多，并且斤斤计较细枝末节，就易陷于糊涂。

——〔德〕歌德

贪婪过度，总要受害。如果没有一颗知足的心，定会受许多损失。

——〔德〕歌德

人欲望愈加强烈、愈是贪求自我欲望的实现，其所遭受的苦恼和焦虑愈多。

——〔德〕叔本华

贪婪的眼睛如果永远不满足，经久会被黄土将它封住。

——〔古波斯〕萨迪

意外的横财引起他所有尘世的俗念，以致毁灭了他的才能。

——〔俄〕果戈理

吃不下那份冰淇淋，可是又怕它融了——这就是一个贪吃者的痛苦心理。

——〔法〕司汤达

凡人间的事物，一切财富、荣誉、权力，甚至快乐、痛苦等——皆有其确定的尺度，超越这个尺度就会招致沉沦和毁灭。

——〔德〕黑格尔

富贵皆人所欲也，虽有君子之行，犹有饥渴之情。君子则耐以礼防情，以义割欲，故得循道，循道则无祸；小人纵贪利之欲，逾礼犯义，故进得苟佞，苟佞则有罪。夫贤者，君子也；佞人，小人也。君子与小人本殊操异行，取舍不同。

——〔东汉〕王充

"养心莫善于寡欲"，不欲则不惑。所欲不必沉溺，只有所向便是欲。

——〔北宋〕程颐

知足与自满不同，一则矜而受灾，一则谦而获福；大智与狂才自别，一则诞而多败，一则实而有成。

——［清］金缨

白首贪得不了，一身能用多少？

——［明］吕坤

不怕来浓艳，只怕去沾恋。

——［明］吕坤

淡饭尽堪充一饱，锦衣那得几千年。

——［明］罗洪先

栽花种竹，未必果出闲人；对酒当歌，难道便称侠士？

——［明］陈继儒

泛交则多费，多费则多营，多营则多求，多求则多辱。

——［明］陈继儒

穿几多来吃几多，何须苦苦受奔波。

——［清］石成金

第八辑

人生智慧

思想

我们的生活就像旅行,思想是导游者,没有导游者,一切都会停止,目标会丧失,力量也会化为乌有。

——〔德〕歌德

人生来为了思想,因而他无时不在思想。

——〔法〕帕斯卡

最可怜的人不是那些有错误的思想方式的人们,而是那些没有任何一定的、彻底的思想方式的人们。

——〔俄〕车尔尼雪夫斯基

思想是无数事实的一种组织形式,是智慧机械活动的结果。

——〔苏联〕高尔基

人并不是只有一个圆心的圆圈,他是一个有两个焦点的椭圆形。事物是一个点,思想是另一个点。

——〔法〕雨果

思想走在行动之前,就像闪电走在雷鸣之前一样。

——〔德〕海涅

思想是打开一切宝库的钥匙,它给吝啬人提供快乐,而不会给他带来麻烦。

——〔法〕巴尔扎克

一个毫无装饰、简单朴素的崇高的思想,即使没有说出来,也往往会单凭它那崇高的力量而使人叹服。

——〔古希腊〕朗吉努斯

人类的思想真是一根威力强大的杠杆!它是我们用以保卫和救护自己的工具,是上帝所给我们的最好的礼物。

——〔法〕缪塞

思想来自感情,也支配着人,化为新的感情。

——〔俄〕陀思妥耶夫斯基

若是一个人的思想不能比飞鸟上升得更高,那就是一种卑微不足道的思想。

——〔英〕莎士比亚

思想的溃散正如军队的溃散,重整旗鼓不是一下子做得到的。

——〔法〕雨果

思想是块泥土,随着时日的变迁,被揉捏成不同的形状。

——〔德〕雷马克

充实的思想不在于言语的富丽;只有乞儿才能够计数他的家私。

——〔英〕莎士比亚

一千个偏见和不正确的思想——等于没有任何思想!

——〔俄〕陀思妥耶夫斯基

思想的滋味是苦的,不过苦得使人很舒服。思想就像许多条涨满冰冷秋水的溪流,潺潺地流出来。

——〔苏联〕高尔基

一种活生生的思想具有多种幅度,包括矛盾的观念,从而铸炼和谐的本质。

——〔法〕罗曼·罗兰

一种坏行为只能为其他坏行为开路，而坏思想却会拖着人顺着那条路一直往下滑。

——〔俄〕列夫·托尔斯泰

思想是天空中的鸟，在语言的笼里，也许会展翅，却不会飞翔。

——〔黎巴嫩〕纪伯伦

联想有时是很强烈的思维。

——〔英〕狄更斯

伟大的思想逐步实现，化成血和肉，播下的种子开始萌芽，它的敌人——无

论是公开的还是隐秘的,谁也不能将它践踏。

——〔俄〕屠格涅夫

一种思想,一旦受到天才的鼓舞,一旦得到激情的不断推动,它的威力足以战胜自然界的一切力量。而一个人在他短暂的一生中,能把数百代人看来难以实现的梦想变成现实,变成永恒的真理。

——〔奥地利〕茨威格

清楚明晰历来是思想的最高美德。

——〔奥地利〕茨威格

宁可受苦而保持清醒,宁可忍受痛苦而思维,也胜似不进行思维。

——〔奥地利〕茨威格

思想虽然不是实体的,但也要有个支点,一失去支点它就开始乱滚,一团糟地自己围着自己转;思想也忍受不了这种空虚。

——〔奥地利〕茨威格

思想上的偏见必然导致行动上的不公正。当一个人或一个国家成为眼光狭小的、狂热主义者的捕获物时,就没有互相了解和宽容的余地了。

——〔奥地利〕茨威格

安静是一种有创造性的因素。它可以聚集、提炼、整饬一个人的内心力量;它可以把动荡所驱散的东西再收拢到一起。正像经过摇动的瓶子,你把它放到桌上,它里面的东西就会沉淀下来,重的便会脱离轻的落到瓶底。人也是如此,如果一个人性情中含有多种混合成分,冷静和沉思常可使其中的某些成分更清楚地显露出来。

——〔奥地利〕茨威格

思考与实用结合,就能产生明确的概念,就能找到一些简便方法,这些方法的发现激励着自尊心,而方法的准确性又能使智力得到满足,原来枯燥无味的工作有了简便方法，就令人感兴趣了。

——〔法〕卢梭

思想是最危险的东西，它能占有一个人，到支配他的地步；它不仅能够，而且确实驱使一个人走向毁灭。

——〔美〕德莱塞

一切实干家企图把世界置于他们的手掌之下，一切思想家则企图把世界置于他们的头脑之中。

——〔德〕歌德

并非语言本身有多么正确、有力，或者优美，而在于它所体现出来的思想的力量。

——〔德〕歌德

辩证

最美的猴子同人类比也是丑的。

——〔古希腊〕赫拉克利特

变化是一种痛苦,但是它却是有其必要的现象。

——〔英〕卡莱尔

暴风雨必然终于消歇在宁静和寂寞之中。

——〔英〕狄更斯

只有光,没有热的火花,切不能当作真火!

——〔英〕莎士比亚

伟大变为可笑只有一步,但再走一步,可笑又会变为伟大。

——〔英〕佩恩

两个本质相反的东西,互相依靠对方,就像男人依靠女人,日靠夜,想象靠真实。

——〔美〕华莱士·史蒂文斯

在历史的发展中,偶然性起着自己的作用,而它在辩证的思维中,就像在胚胎的发展中一样包括在必然性中。

——〔德〕恩格斯

并非凡是有水的地方都有青蛙；但是有青蛙的地方总会找到水。

——〔德〕歌德

人世中，欢乐与忧愁、机遇与不幸、疑虑与危险，以及绝望与悔恨总是混杂在一起的。

——〔印度〕泰戈尔

在饱足的人眼中看来，烧鸡好比青草，在饥饿的人眼中看来，萝卜便是佳肴。

——〔古波斯〕萨迪

辩证法无非就是差异原则本身。

——〔意大利〕克罗齐

辩证法是一种辩驳的精神文化，人类有了辩证法就能学会觉察出事物之间的差别。

——〔德〕歌德

祸兮福之所倚，福兮祸之所伏。

——〔春秋〕老子

山重水复疑无路，柳暗花明又一村。

——〔南宋〕陆游

有始者必有终，有终者必有死。

——〔东汉〕王充

形存则神存，形谢则神灭。

——〔南朝〕范缜

美必有恶，芬必有臭。

——〔北宋〕苏轼

问渠那得清如许，为有源头活水来。

——［南宋］朱熹

青山遮不住，毕竟东流去。

——［南宋］辛弃疾

功之成，非成于成之日，盖必有所由起；祸之作，不作于作之日，亦必有所由兆。

——［北宋］苏洵

人生

　　人生就像是一匹用善恶的丝线交错织成的布；我们的善行必须受我们过失的鞭挞，才不会过分趾高气扬；我们的罪恶又赖我们的善行把它们掩盖，才不会完全绝望。

——〔英〕莎士比亚

　　对我来说，人生不是什么"短暂的烛光"。人生就是一支由我此时此刻举着的辉煌灿烂的火把，我要把它燃烧得极其明亮，然后把它递交给后代的人们。

——〔爱尔兰〕萧伯纳

　　顺境也好，逆境也好，人生就是一场对种种困难无尽无休的斗争，一场以寡敌众的战斗。

——〔印度〕泰戈尔

　　人生如同道路，最近的捷径往往是最坏的路。

——〔英〕培根

　　人生就是石材。要把它雕刻成神的姿态，或是雕刻成魔鬼的姿态，悉听各人的自由。

——〔英〕斯宾塞

　　人生不过是一瞬间的事，不要在怀疑与恐惧中浪费生命。

——〔美〕爱默生

在人生旅途中，不时穿插崇山峻岭般的起起伏伏，时而风吹雨打，困顿难行；时而雨过天晴，鸟语花香。总希望能够振作精神，克服困难，继续奔向前程。在那山头上，孕育着人生的新希望。

——〔日〕松下幸之助

人生的旅途，前途很远，也很暗，然而不要怕。不怕的人面前才有路。

——〔日〕有岛武郎

人生不是一个悲剧，就是一个喜剧。人们在悲剧中灭亡，但在喜剧中结为眷属。

——〔丹麦〕安徒生

人生不出售来回票。一旦动身，绝不能复返。

——〔法〕罗曼·罗兰

人生像一盒火柴，严禁使用是愚蠢的，乱用是危险的。

——〔日〕芥川龙之介

人生是一道山坡。大家正上着的时候，都望着顶上，并且都觉得快乐；但是走到了高处的时候，就忽然望见了下坡的道儿和那个以死亡为结束的终点。上坡的时候是慢慢走的，但是下坡就走得快了。

——〔法〕莫泊桑

人在一生当中的前四十年，写的是正文，在往后的三十年，则不断地在正文中添加注释。

——〔德〕叔本华

人生是由需要到需要的过程，而非由享受至享受的阶段。

——〔英〕约翰逊

人生包括两部分：过去的是一场梦，未来的是一场希望。

——〔美〕霍桑

谁要是游戏人生，就会一事无成；谁不能主宰自己，将永远是一个奴隶。

——〔德〕歌德

若用显微镜观察人生，就会发现人生充满了令人毛骨悚然的恐怖。因此，我们才需要罗曼史。罗曼史会给我们精神上的粮食，是使我们人生向上的最大力量。

——〔英〕卓别林

人生是个大竞技场，如果你顺其自然地生活，你就决不会贫穷；如果别人怎么说你怎么做，那你就永远不会变富。

——〔古希腊〕伊壁鸠鲁

假如我能重新过这一生的话，我愿意重过我已经过的生活。因为，我不后悔过去，也不恐惧将来。

——〔法〕蒙田

人的一生，既不是人们想象的那么好，也不是那么坏。

——〔法〕莫泊桑

人类经常把一种生涯发生的事撰写成历史，再从那里看人生；其实，那不过是衣服，人生是内在的。

——〔法〕罗曼·罗兰

从远处看，人生的不幸还蕴藏着诗意。而一个人最怕庸庸碌碌地生活。

——〔法〕罗曼·罗兰

我们的人生随着我们花费多少努力而具有多少价值。

——〔法〕莫里亚克

倘使没有自负的话，人生就索然无味了。

——〔法〕拉罗什富科

填饱胃，塞满肠，饱食终日，这当然也算人生大事，因为这就是动物性。然而人可以把自己的希求提得更高一些。

——〔法〕雨果

　　人生的欢乐，不该全集中在前半生，弄得我们不得不眼看着它日益减少，到最后伴随着我们的也许只有风烛残年的种种苦难了。

——〔英〕塞缪尔·巴特勒

　　人生之所以成为一个问题，前提是生命的一次性和短暂性。

——周国平

　　人生是多方面而又相互和谐的整体，把它分析开来看，我们说某部分是实用的活动，某部分是科学的活动，某部分是美感的活动。

——朱光潜

生命

对于生命应当做这样的解释：你不是你自己，因为你的生存全赖着泥土中所生的谷粒。你并不快乐，因为你永远追求着你所没有的事物，而遗忘了你已有的事物。你并不固定，因为你的容颜像月亮一样随时变化。你即使富有，也和贫穷无异，因为你正像一头不胜重负的驴子，背上驮载着金块在旅途上跋涉。

——〔英〕莎士比亚

生命犹如铁砧，愈被敲打，愈能发出火花。

——〔意大利〕伽利略

生命是单行道。不论你怎样拐弯抹角，都不会走回头，你一旦明白和接受这一点，人生就简单得多了。

——〔英〕托马斯·莫尔

生命的小溪，渗入世间的每一粒尘土，快活地穿过千万棵小草，滋润着数不清的枝叶与花朵。

——〔印度〕泰戈尔

谁能以深刻的内容充实每个瞬间，谁就是在无限地延长自己的生命。

——〔美〕库尔茨

生命不是以年龄来计算，有的人在一天内过了一生，在朝夕之间老去。

——〔美〕埃文斯

生命是自然赋予人类去雕琢的宝石。

——〔瑞典〕诺贝尔

生命的全部奥秘就在于为了生存而放弃生存。

——〔德〕歌德

将偶然和命运视为同一,只是年轻时的想法,久了以后自然会发现生命的轨迹是由自己所造成的。

——〔奥地利〕茨威格

我热爱生命,热爱生命的真实和生命的偶然,以及瞬间即逝的美。

——〔俄〕屠格涅夫

世界上最好、最合理的事就是公正地对待人,世界上最难学懂学透的科学就是知道如何享乐此生,知道如何顺应自然;在我们所有的缺点中最严重的就是轻视自己的生命。

——〔法〕蒙田

以生命作赌注的人,如果输了,便没有捞本的机会。

——〔意大利〕拉斐尔

生命如同故事,不在长,而在好。

——〔古罗马〕塞涅卡

一个人的生命难道不是像一代人的命运一样珍贵吗?要知道,每一个人都是一个与他同生共死的世界,每一座墓碑下都有一部这个世界的历史。

——〔德〕海涅

人的生命总是沿着一个完整的圈在运行,……任何人都无法脱离自己运行的轨道。

——〔美〕欧文·斯通

人,是生命链索的一环,生命的链索是无穷无尽的,它通过人,从遥远的过去伸向渺茫的未来。

——〔俄〕柯罗连科

我们的生命是天赋的,我们唯有献出生命,才能得到生命。

——〔印度〕泰戈尔

所谓生命,就是一种力量,它时刻都在征服周围的一切事物,弱肉强食,把其他东西的力量吸收为自己的力量,而且天衣无缝地高度统一起来。

——〔日〕佐藤春夫

生命像一粒种子,藏在生活的深处,在黑土层和人类胶泥的混合物中,在那里,多少世代都留下他们的残骸。一个伟大的人生,任务就在于把生命从泥土中分离开。这样的生育需要整整一辈子。

——〔法〕罗曼·罗兰

只有当生命被清楚地看作是在慢慢死亡时,生命才是生命。

——〔美〕索尔·贝娄

生命每刻都向我们说生命的言辞和新消息,对于这个我们必须要对之听从加

以理解，先不要对自己下一个固定的范畴才好。

——〔俄〕阿尔志跋绥夫

生活若剥去理想、梦想、幻想，那生命便只是一堆空架子。

——〔古希腊〕柏拉图

对生命，我们必须放弃自己的意愿，默认它并与它一致。如果我们兀自站立，我们将被排斥，被从生活中驱赶出去，生命的服务是自觉自愿的。

——〔英〕劳伦斯

我们生命的过程，就是做自己、成为自己的过程。

——〔美〕罗杰斯

生命之水不是洪流，不需靠暴力取得；生命之水不是旋涡，不需对它施以魔法；生命之水也不是有珍珠或钻石散落的喷泉，不需花钱购买。

——〔英〕玛格丽特·斯尔夫

生命如逝水，流去的日子是不会回来的。为了不让生命毫无痕迹地流失，我们一定要好好把握它、利用它、填满它。至低限度，让它留下一点对得起自己的痕迹。

——罗兰

生命的很多事，你错过一小时，很可能就错过一生了。

——林清玄

生命的意义在于付出，在于给予，而不在于接受，也不在于索取。

——巴金

"生命本来没有名字"——这话说得多么好！我们降生到世上，有谁是带着名字来的？又有谁是带着头衔、职位、身份、财产等等来的？

——周国平

生命像向东流的一江春水，他从最高处发源，冰雪是他的前身。他聚集起许多细流，合成一股有力的洪涛，向下奔注，他曲折地穿过了悬崖峭壁，冲倒了层沙积土，挟卷着滚滚的沙石，快乐勇敢地流走，一路上他享受着他所遭遇的一切。

——冰心

一个人，不了解生命，生命对他来说是一种惩罚。

——慧律法师

生死

让死人去埋葬死人吧,我们既然有生命,我们就应当活下去,而且要活得幸福。

——〔俄〕列夫·托尔斯泰

人活着总是有趣的,即便是烦恼也是有趣的。

——〔美〕亨利·门肯

生存就是做梦。贤明之举是愉快地做梦。

——〔德〕席勒

人生唯有面临死亡,才会变得严肃、意义深长、真正丰富和快乐。

——〔俄〕列夫·托尔斯泰

一代又一代,代代相传,你死之后你的子子孙孙会传接下去,那就是永生的意义。

——〔挪威〕汉姆生

人生在世会留下种种足迹。有些是可见的,例如子女、住宅。有些是看不见的,例如在别人生活上留下的痕迹,给别人的帮助,对别人说过的话——笑语、伤人的话、鼓励的话。对这类事我们不会留心,可是不论我们走到哪里都会留下印记,这些印记加在一起就是人生。

——〔美〕普拉斯

人生下来不是为了抱着铰链,而是为了展开双翼;不要再有爬行的人类。我要幼虫化成蝴蝶,我要蚯蚓变成活的花朵,而且飞舞起来。

——〔法〕雨果

我们从人生的此岸到彼岸的匆促行程之中,岁月苦短,却常陷入到头来毫无益处的庸人之争和可悲的忧虑。且趁光阴尚在,让我们纵目远望地平线吧。

——〔加拿大〕斯蒂芬·巴特勒·里柯克

我们要努力把一生好好地度过,等到死的时候,就连殡仪馆的老板也会惋惜。

——〔美〕马克·吐温

死甚至能使平凡变得不平凡。

——〔奥地利〕克利姆特

在人间的欢乐中,在完成了对人间的任务以后,没有丝毫苦痛地结束一生——死,也是幸运的。

——〔丹麦〕安徒生

自豪的人眼睛张得大大的,面带笑容面对死亡。

——〔美〕耶茨

不知道怎样生活的人,应当把死当成好事。

——〔爱尔兰〕萧伯纳

死,是将我们所有的秘密、阴谋、奸诈的面纱揭开的东西。

——〔俄〕陀思妥耶夫斯基

复仇可使人战胜死亡,爱情可使人蔑视死亡;荣誉可使人追求死亡;忧伤令人飞向死亡;恐惧则使人全神贯注于死亡。

——〔英〕培根

研究不死之道，是上流社会和无所事事的人的事情。至于想在世间做一个还不错的人，则每天不能不努力、奋斗、活动，以求有所为，这样一来，将会对来世置之不理，而只在现世活动，做点有益的事情。

——〔德〕歌德

　　当一个人不再可能自豪地生存时，就应当自豪地死去。

——〔德〕尼采

　　死亡是一点一点吃掉我们的，并不是一口吞下去。

——〔古罗马〕塞涅卡

　　人们常常说，死亡不可怕，垂死才可怕。

——〔英〕菲尔丁

　　人死了之后何以要哭呢？其实应该为他在生时的生活方式哭泣才对。以死的模样活着，还不如死了好。

——〔法〕蒙泰朗

　　人不是不相信自己会死，而是在无意识之中认为自己不会死。

——〔奥地利〕弗洛伊德

　　死亡就像生存那样合乎自然规律。

——〔英〕富勒

　　生存这一事实本身，就和"强"字分不开，活着就意味着生"存"下来了。那正是以某种形式所显示的生命力强大的后果。

——〔日〕武田泰淳

　　死亡为他有限的尘世生命落了幕，同时又揭起另一个幕，使他的光芒耀眼的一面永垂不朽。

——〔智利〕聂鲁达

人是他自己生命的主宰，人也是他自己死亡的主宰。

——〔阿根廷〕博尔赫斯

人无论在哪儿，也无论干什么，他的忠实伙伴——死亡——都会永远跟随着他。

——〔南非〕阿索尔·富加德

世人难逃一死，死后的情况虽然难以捉摸，一死是免不了的。咱们迟早会想到这一层，迟早要推测一下死后的境界。一个人的心思一转到这上面，过去的成功和快乐便不算什么了。

——〔英〕萨克雷

我死的时候，不过死了一个过去。

——〔阿根廷〕博尔赫斯

一朝进入坟墓，你就没有选择，你不会再想什么了。

——〔俄〕屠格涅夫

生之本质在于死。因此只有乐于生的人才能真正不感到死之苦恼。

——〔法〕蒙田

看到别人死，是最能使我们感到充满生命力的。那是生命的感觉——感到我们还留在世上。

——〔英〕亨利·詹姆斯

总把死者看得比活人还重，也没意思。我们所有的人总有一天要死的。我想——最好人们事先就看重我们，不要等我们死后才开始尊重，给去年的庄稼灌溉有什么用处。

——〔英〕乔治·艾略特

每一个死亡都要经过肉搏，每一粒谷子都要脱去外壳。

——〔法〕罗曼·罗兰

当我们告别这个世界时，我们这颗备受折磨的心会颤抖起来，发出叹息，乞求活下去，甚至会低首下心地说，它对这个世界还没有看够，还想再看它一看。

——〔苏联〕米哈伊尔·左琴科

死是不存在的，它什么都不是。对于死，甚至连理解都不可能，而生命却是可以理解的，它有着自己的法则——这就是前进……凡是好的东西都是不会死的，而且它的生命力将随着时间的流逝而日趋强大。

——〔意大利〕亚米契斯

死是一种古老的玩笑，可是它对每个人都是很新鲜的。

——〔俄〕屠格涅夫

死亡具有澄清和调解的力量；诽谤和妒忌、仇恨和误会，一切都要在最平凡的坟墓面前归于消失。

——〔俄〕屠格涅夫

死，对于智者并非恐惧，对于善者并非终结。

——〔德〕歌德

死，使善者坚强，使智者认识生，教他如何行动。死，使智者和善者永生。

——〔德〕歌德

命运

凡是追逐不依靠自身而依赖外界方能获得幸福的人，命运总是和他作对的。

——〔法〕莫洛亚

人生有盛衰荣辱，即使认为自己的命运是用自己的双手开拓的人，其人生低谷与高峰、幸福与不幸也是由自己的心相呼唤而至的。发生在自己身上的一切，都是由自己播下的种子。

——〔日〕稻盛和夫

追求幸运的人应该是行李越轻越好！

——〔法〕巴尔扎克

好的运气令人羡慕，而战胜厄运则更令人惊叹。

——〔英〕培根

让我们以一颗准备迎接任何命运的心起身而行。

——〔美〕亨利·华兹华斯·朗费罗

的确，所谓命运，在我们的生命期间俨然存在。但是，它不是人类力量无法抗拒的"宿命"，而是因我们的内心而改变的。人生是由自己创造的，能够改变命运的只有一个，就是我们的内心。

——〔日〕稻盛和夫

一个人的幸运的造成主要还是在他自己手里。所以诗人说："人人都可以成为自己的幸运的建筑师。"

——〔英〕培根

啊，人应当像人，不要成为傀儡，尽受反复无常的命运的支配。

——〔匈牙利〕裴多菲

人在逆境里比顺境里更能坚强不屈。遭厄运时比交好运时更容易保全身心。

——〔法〕雨果

你还能想得出比这样的一个人更好的人吗？……他不相信有些人拿来当做万物之主的那个命运，他认为我们拥有决定事变的主要力量，他把一些事物归因于必然，一些事物归因于机遇，一些事物归因于我们自己……

——〔古希腊〕伊壁鸠鲁

始终如一的人相信命运，反复无常的人相信运气。

——〔英〕迪斯雷利

对于命运的变化无常，我们慨叹得太多了。发不了财的，升不了官的，都要埋怨命运不好。然而，仔细想想吧！过失还是在于你自己。

——〔俄〕克雷洛夫

当智慧和命运交战时，若智慧有胆识敢作敢为，命运就没有机会动摇它。

——〔英〕莎士比亚

勇敢的人开凿自己的命运之路，每个人都是自己命运的开拓者。

——〔西班牙〕塞万提斯

幸运并非没有许多的恐惧与烦恼；厄运也并非没有许多的安慰和希望。

——〔英〕培根

意外的幸运会使人冒失、狂妄，然而经过磨炼的幸运却使人成为伟器。

——〔英〕培根

创造自己命运的人是智勇双全的人。

——〔意大利〕塔索

命运对于我们并无所谓利害，它只供给我们利害的原料和种子，任那比它强的灵魂随意变转和应用，因为灵魂才是自己幸与不幸的唯一主宰。

——〔法〕蒙田

人生的命运是多么难以捉摸啊！它可以被纯粹几小时内发生的事而毁灭，也可以因几小时内发生的事而得到拯救。

——〔美〕欧文·斯通

厄运是一个深不可测的宝藏。

——〔法〕巴尔扎克

任何一种命运，尽管它也许是漫长而复杂的，实际上却反映在某一瞬间，正是在那一瞬间，一个人才永远明白了他自己究竟是什么人。

——〔阿根廷〕博尔赫斯

如果有工作要做，就应该立刻做好，如果交运时你发现自己毫无准备，就不该怪命运女神，而应当埋怨你自己。

——〔俄〕克雷洛夫

命运——这是暴君作恶的权力，也是傻瓜失败的借口。

——〔美〕安布罗斯·比尔斯

谁以为命运女神不会改变主意，谁就会被世人所耻笑。

——〔英〕蒲柏

驾着我们命运轻车的时代太阳马，仿佛受到看不见的精灵的驱使而疾驰。我们没有别的选择，只有勇敢地抓住马缰，时而向右，时而向左，避开这儿的石块，躲过那儿的木桩。

——〔德〕歌德

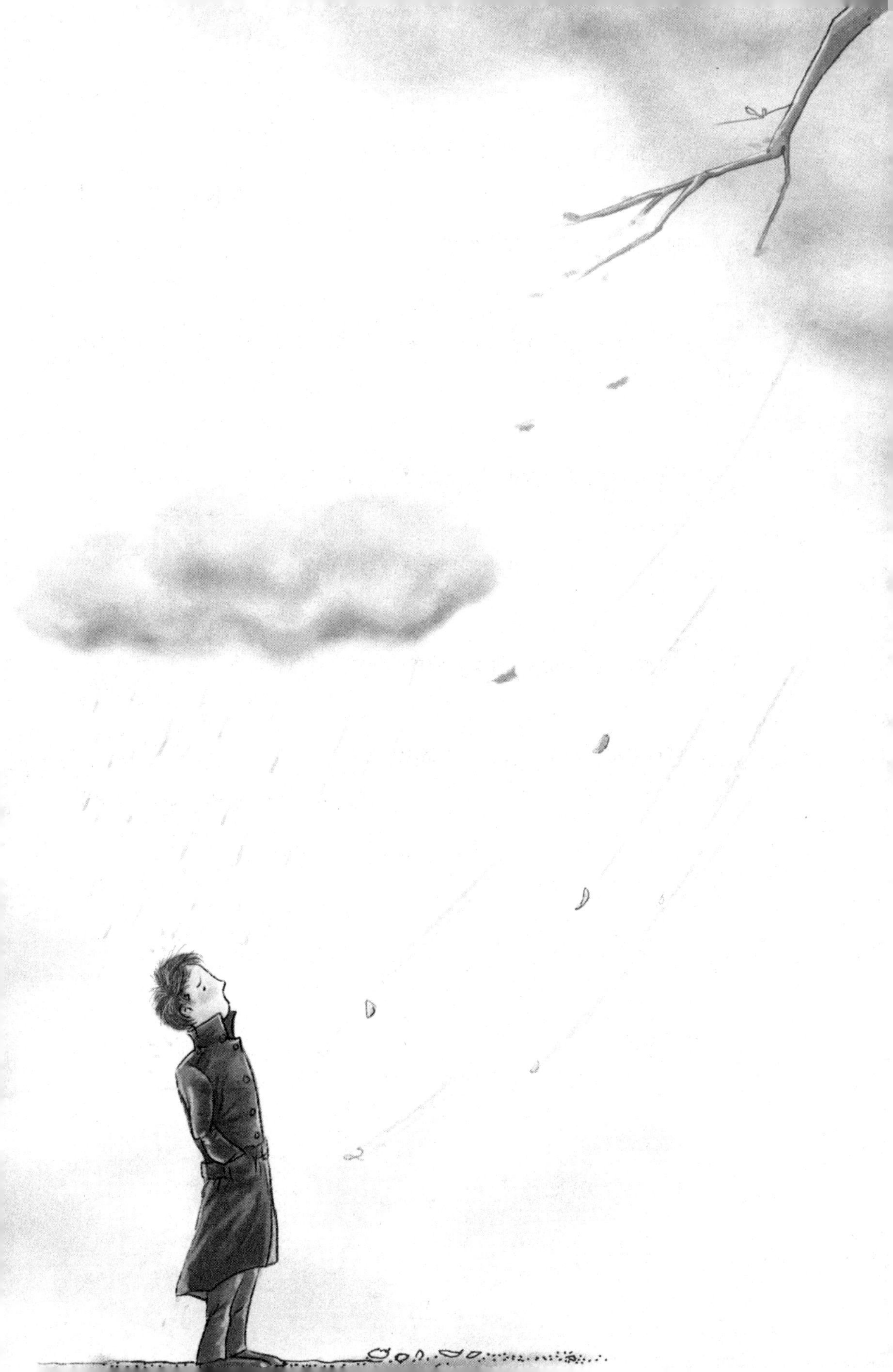

别以为命运能支配一切，美德的力量可以使她俯首帖耳。

——〔英〕伊丽莎白一世

当人们回避命运的时候，就已经碰上了命运。

——〔古罗马〕塞涅卡

人们对于自己实际拥有什么东西，并不怎么感谢命运；对于自己缺少什么东西，却总是加倍地埋怨命运。

——〔瑞士〕凯勒

命运有两种方法可以打垮我们——拒绝我们的愿望或满足我们的愿望。

——〔瑞士〕阿米尔

命运即使对它最喜爱的宠儿也不是永远慷慨无度的。

——〔奥地利〕茨威格

我确信，与人作对的命运女神要比殷勤的命运女神有益得多。

——〔英〕乔叟

命运引导自愿跟随的人，而驱逐那顽固执拗的人。

——〔英〕托马斯·富勒